Alix Gaussel

La vie de grands écrivains français...

...en un éclair et à rebours

Collection En un éclair et à rebours

✦

épa

Du même auteur

Le malheur des dames, roman, Editions Calmann-Lévy

Les chats de Beaupré, roman, Editions Calmann-Lévy

Sex after sixty, roman, Editions Bénévent

Pour la jeunesse

Les Zipper-Cracs à travers les planètes, Editions Gamma

Les Zipper-Cracs dans la fourmilière, Editions Gamma

Sur Internet

Le Journal d'une centenaire

http://journaldunecentenaire.over-blog.com/

9 782954 299709

Dépôt légal Août 2012

Sommaire

Préface

Cinq siècles ; seize écrivains ? Un bref chapitre sur chacun, écrit par une romancière/blogueuse, sans formation universitaire. Pourquoi ce texte m'attire-t-il ? Moi, enfant du Bronx, universitaire retraité, historien de la France populaire du XIXème siècle, spécialiste de la Commune de Paris de 1871 ? Pourquoi vous encourager, cher lecteur, à acheter ce livre ?

Il y a plusieurs réponses à ces questions. D'abord, si vous prenez plaisir à une belle écriture, vous allez vous régaler. L'auteure évoque avec grâce et élégance les moments charnières des vies de ces écrivains hors pair. Ensuite, Alix Gaussel vous présente des personnalités fascinantes ; parce que derrière les honneurs gagnés et l'immortalité intellectuelle recherchée, il y a des hommes et des femmes de chair et de sang, vulnérables, et souvent frappés par la déchéance.

Chacun des seize est montré juste avant sa mort, passant en revue toute sa vie. Non pas son œuvre mais sa vie. Alix Gaussel puise dans sa sensibilité de femme engagée, d'amante souvent déçue, de militante, de mère et de grand-mère, championne des Anciens parmi nous et romancière de talent. Ces caractères sont ses diplômes et le résultat nous donne un autre aperçu de ces sujets de légende. On sent parfois dans un moment poignant leur chagrin, leurs déceptions, leur tristesse et aussi leurs moments de joie.

Ce n'est pas étonnant que l'auteure de *Sex after sixty,* nous donne des détails, hélas parfois trop minces, sur la vie sentimentale de ses seize écrivains. Ce n'est pas une surprise que la blogueuse du *Journal d'une Centenaire* nous offre une vue sur la vieillesse et ses insultes accumulées.

Le fil commun des seize ? C'est la disponibilité des biographies de haute qualité qui a déterminé l'auteure. Je trouve deux autres facteurs partagés par les seize : la passion et l'engagement. Deux qualités trouvées aussi chez Alix Gaussel et inconsciemment peut-être lui servant de critère de sélection. C'est pourquoi elle a exclu un monument comme Anatole France, une bourgeoise coincée comme Marguerite Yourcenar, un vénéneux comme Céline et un lèche-cul du pouvoir comme Gustave

Flaubert, tous géants de la littérature, peut-être, mais certainement pas animés par la passion et l'engagement. Ceci dit, c'est évident que je regrette l'absence de deux grands exclus : Jules Vallès et Albert Camus. Alors, Alix Gaussel, un autre tome ?

Donc, *La vie des grands écrivains français...en un éclair et à rebours,* nous offre autre chose que la critique littéraire, une autre approche. Pas de détail biographique, pas d'étude psychologique mais des esquisses sur les personnalités littéraires. Seize grands de la littérature française présentés comme des êtres humains, tout simplement. Cette optique pourrait nous inspirer l'idée d'imaginer notre vie, nous aussi « en un éclair et à rebours ». Ainsi nous revenons à la littérature libératrice, c'est-à-dire le moyen de comprendre notre propre esprit et celui des autres.

Martin Waldman

professeur émérite d'histoire, City University of New York

Avant-propos

On dit que tout être humain, quand il est confronté à sa propre mort, revoit toute sa vie en un éclair, en commençant par les événements proches et en remontant jusqu'à son enfance.

C'est ce que j'ai imaginé de faire pour les seize grands écrivains de cet ouvrage.

Je ne prétends pas présenter ici un portrait exhaustif de la littérature française. Certains auteurs, et des plus grands, manquent à l'appel, faute d'avoir suscité une biographie récente et bien documentée.

Cependant mon choix est aussi affectif. Pas un des écrivains que j'aime et respecte le plus n'est absent de ce livre.

Seize grands auteurs, poètes, philosophes et romanciers, qui ont marqué leur siècle. Huit femmes et huit hommes, la parité. Présentés par ordre chronologique, du Moyen-Age à une époque récente.

Chacune de ces notices s'appuie sur une biographie d'un auteur reconnu et fiable.

Christine de Pisan

1364 - 1430

Dans le couvent de Saint Louis de Poissy les sœurs dominicaines sont endormies pour la sieste de l'après-midi. Encore une heure avant de chanter none. Christine est malade depuis des semaines, elle a besoin d'air. Elle se traîne au-dehors jusqu'au jardin médicinal, derrière la chapelle. Silencieusement elle contemple les menthes et la bourrache bleue, le mélilot des champs, le nerprun purgatif et l'aconit aux fleurs rose vif. Et encore les corolles jaunes de l'hélianthème.

Le malaise de Christine s'accroît et brusquement, là dans ce jardin amical et pourtant impuissant à la soulager, elle sait qu'elle va mourir. Elle s'affaisse et, de ses yeux fermés, regarde défiler les moments les plus forts de sa vie, en un éclair et à rebours.

Il y a environ un an une nouvelle est venue la surprendre au fond de son monastère. Une nouvelle étonnante dans cette France livrée à la guerre depuis tant d'années. Une lumière s'allume, une jeune fille, simple pucelle, portée par Dieu, s'est levée pour sauver le pays, l'arracher aux Anglais. Une fille debout, en armure, une épée à la main. Elle a fait lever le siège d'Orléans, libéré la ville, ouvert la voie au dauphin Charles de France. Christine reprend la plume abandonnée depuis dix ans. Elle retrouve le chemin de la poésie pour chanter le sacre à Reims de ce jeune homme qui hier encore était inconnu de tous.

Dix ans qu'elle n'avait pas manié les vers, et c'était pour la première visite à Poissy, le récit tout de fraîcheur et d'ardeur printanière d'une chevauchée enchantée jusqu'au couvent où la fille de Christine a pris le voile.

Lors à grande joie
Nous partîmes de Paris
Notre voie chevauchâmes
Et moult joie était.

La compagnie a visité le cloître large et spacieux, avec au centre du pré un beau pin vert et feuillu; le réfectoire éclairé de larges verrières, le cellier, les cuisines accueillantes. Tout un ensemble de beauté qu'animent les voix des religieuses. Christine, déjà, se promettait de revenir, seule. Elle est lasse d'écrire en vain, de crier dans le désert des batailles, d'appeler à la paix des Français déchirés et bientôt défaits. Le massacre d'Azincourt a mis le comble à son désespoir. Le Bourguignon félon s'est allié aux Anglais et Paris est livré au pillage.

Déjà, en 1405, Christine écrivait *Le livre de la Cité des dames,* un appel à prendre conscience de la fragilité des femmes dans un monde de divisions et de luttes continuelles. C'était alors la plus belle période de la carrière de Christine de Pisan. Le duc de Bourgogne, Philippe le Hardi, la convoquait au Louvre. Elle le voit encore : il se trouve dans une des grandes salles en compagnie de son fils Antoine, Comte de Rethel, et lui demande d'entreprendre un récit du règne de Charles V, son frère. Le duc lui remet solennellement un volume des grandes chroniques de France, ainsi que la clef de sa bibliothèque. Christine devient ainsi la première femme historiographe du roi. C'est une grande œuvre, et une consécration.

Quelques années plus tôt, un autre duc, le duc d'Orléans, rendait hommage à son talent de poétesse en organisant la grande Fête de la Rose. Il s'agissait de remettre en mémoire la controverse du Roman de la Rose, pour lequel Christine avait tant bataillé. Au milieu des « roses blanches vermeilles et trop belles » dans des coupes offertes sur les tables du banquet, des chevaliers prêtent serment d'honorer les Dames et de prendre l'Ordre de la Rose. Christine est invitée à l'hôtel d'Orléans. On lui a apprêté un lit blanc comme neige « encourtiné richement et bien ordonné ». Elle devient la gardienne de l'Ordre. Un nouveau courant de chevalerie est apparu mais qui sera bien impuissant contre la mutation qui s'accomplit dans les mentalités. Au règne du chevalier succède celui du professeur qui écarte tous ceux – les femmes, le peuple, qui sont exclus de l'Université.

En 1399 pourtant Christine, alors jeune poétesse appréciée seulement d'un petit cercle d'initiés, s'élevait contre la deuxième partie du Roman de la Rose, écrite par le clerc Jean de Meung. La première partie, de Guillaume de Lorris, avait été courtoise et célébrait les charmes et la noblesse des femmes mais cette deuxième partie, écrite cinquante ans plus tard, affirme déjà la primauté des clercs et de l'université. Et surtout, elle manifeste un antiféminisme grossier. Christine aurait voulu arracher les yeux de Génius, le personnage que met en scène Jean de Meung, un intellectuel qui discourt sur un ton magistral, un insupportable cynique qui professe ouvertement le mépris des femmes. Pour combattre ces idées, Christine écrit une Epitre au Dieu d'Amour, un poème de huit cents vers sur les revendications des femmes et leur crainte de la montée des valeurs guerrières, une mutation dont bien peu sont conscients et qui ne va pas cesser de s'affirmer dans les décennies suivantes.

La « Veuve Castel », comme on l'appelle alors depuis qu'elle a perdu son mari, Etienne Castel, a l'habitude de se battre seule. Ces dix dernières années elle est allée de procès en procès pour défendre son patrimoine attaqué par des créanciers cruels. Elle est parvenue peu à peu à rétablir une situation financière mise à mal par son veuvage. Ses économies ont fondu, elle se revoit encore aller au prétoire dans un manteau doublé de petit-gris qui s'effiloche peu à peu, une saison après l'autre. La fourrure usée montre la peau, le surcot d'écarlate se décolore, râpé jusqu'à la doublure. Et cela, pour entendre des paroles dilatoires, des réponses dures; des conclusions qui parfois la font « suer des yeux ». C'est l'époque où le roi Charles VI est frappé de démence, et où tout le pays vit dans l'angoisse.

C'est la saison aussi où Christine découvre son trésor, la poésie. Un trésor inaltérable à l'abri des créanciers et de toutes les vicissitudes. L'année de la mort de son mari elle avait pris part à un concours poétique et sa ballade a été bien reçue. Au cours des années qui suivent elle compose des ballades, des « dits » amoureux, et des « complaintes pleurardes », rondeaux, lais et virelais à la mode de son temps, comme Guillaume de Machaut et Eustache Deschamps.

« Seulette suis et seulette veuil être », affirme-t-elle fièrement, car elle est fidèle à la mémoire de son mari, et ne se remariera jamais. Son premier recueil de cent ballades obtient un grand succès mais elle est de plus en plus seule. Son fils aîné est à la cour d'Angleterre et elle perd son second fils. Sa fille entre au couvent chez les dominicaines de Poissy, où elle est une religieuse heureuse.

Christine ne s'est pas consolée de la mort de son mari, épousé à quinze ans, sur le conseil de son père. C'était un gentilhomme picard, fils d'un valet de chambre du roi qui exerçait aussi la charge d'armurier. Etienne deviendra notaire et secrétaire du roi Charles VI. Mariage d'amour, et pourtant Christine de Pisan, pour signer sa poésie, ne prendra pas le nom de son mari mais celui de son père bien aimé. A cette époque on peut encore choisir et elle préfèrera le nom prestigieux de Thomas de Pisan, astronome et « physicien » du roi. La famille vivait alors dans l'aisance. A treize ans, Christine assistait avec Thomas à la réception de l'Empereur Charles IV, le fils du roi de Bohème Jean l'Aveugle qui s'était donné la mort à Crécy. L'empereur chevauche un destrier noir, laissant à son hôte l'avantage de monter un cheval blanc, signe de domination. Le roi est vêtu d'un grand manteau d'écarlate fourré d'hermine. Sur sa tête un chapeau royal à bec, richement brodé de perles. Les trompettes du roi à trompes d'argent vont devant et sonnent. Un festin est servi au Palais de la cité. Les deux souverains se sont entretenus longuement.

Ce n'est pas la seule réception qui reste à la mémoire de Christine. Elle se souvient encore de celle qui avait accueilli Thomas de Pisan à la cour de Charles V le Sage. C'était en décembre 1368, Christine avait quatre ans. Toute la famille de l'astronome était conviée. Elle est venue habillée de ses habits « lombards », brodés d'or et enrichis de pierreries au col et aux poignets, couverts d'un manteau relevé de broderies en semis. La famille vient de Venise, d'où sa renommée a atteint le royaume de France. Thomas a hésité trois ans avant de répondre à l'appel du roi. Souvenir éblouissant pour Christine qui prélude à une enfance heureuse sur les berges de la Seine, à la tour Barbeau, cadeau du roi à son « aimé et féal physicien ».

Je fus comme fille nommée

Et bien nourrie et bien aimée

écrira-t-elle plus tard, reconnaissante. C'est le dernier souvenir de Christine qui se meurt.

On ne connaît pas précisément le jour ni les circonstances de la mort de Christine de Pisan, Elle s'est éteinte dans l'anonymat, à Poissy. Plusieurs tentatives ont été menées pour la faire redécouvrir, dans les siècles suivants mais il faudra attendre le XXème siècle et les ouvrages de l'historienne Régine Pernoud pour qu'elle prenne toute sa place dans la littérature française.

Descartes

1596 – 1650

Le premier jour de ce mois glacial de février 1650, à Stockholm, dans cette Suède où il s'est rendu sur la demande de la reine Christine, René Descartes tombe malade. Depuis des semaines il se plaint du froid mais ce matin les douleurs ont envahi la têtc. Il se sent fiévreux et courbaturé. A son valet il demande un émétique, du tabac infusé dans du vin, mais cela ne va pas mieux. Abattu, il s'allonge sur son lit, comme bien des matins autrefois. Sa respiration devient difficile et soudain il se dit qu'il va mourir. Aussitôt défile dcvant ses yeux fermés le film de sa vie passée, en un éclair et à rebours.

Pour parvenir chez Christine de Suède il s'était transformé en courtisan, coiffure à boucles, souliers à bout en forme de croissant, gants garnis de fourrure blanche. Un mois de voyage en venant de Paris. Christine l'a reçu très vite, c'est une femme étrange, très pâle, le nez très long, les cheveux bruns frisés, de grands yeux bleus. Elle n'est pas belle, un peu bossue, mais son intelligence est vive. On lui prête de nombreux amants et même des amantes. Elle a des manières d'homme, des gestes brusques, des sautes d'humeur. Le matin, elle se lève à quatre heures, va monter à cheval, part à la chasse. Elle chante des chansons salaces et parle plusieurs langues.

Très vite elle fait savoir à Descartes qu'elle le recevra à cinq heures du matin, dans la bibliothèque, pour de longues conversations philosophiques. Lui, le matin, il a les pensées gelées, c'est un lève-tard, mais il s'exécute, plusieurs fois par semaine. La bibliothèque est glaciale, aucun feu ne l'a encore réchauffée. Mais Christine lui a promis une terre et une pension au sud du royaume. Il est démuni, ne touche plus que quelques résidus de son héritage familial qui l'a fait vivre toute sa vie.

Depuis plusieurs années il s'est tourné vers la protection des grands de ce monde. Pour cela il lui faut abandonner sa retraite prudente et sa liberté. En 1646 il entretenait une correspondance étroite avec la princesse Elisabeth de Bohème, la fille de Frédéric IV. De longue date celle-ci porte intérêt à Descartes, il lui a rendu visite à plusieurs reprises à La Haye. Elle a les cheveux noirs, le teint vif, la bouche vermeille, le nez aquilin qui rougit facilement d'émotion. Il a écrit pour elle un *Traité des passions de l'âme* qui a obtenu un certain succès à l'impression.

Les années les plus heureuses de sa vie, il les a passées à Sontpoort, à proximité de Harlem aux Pays-Bas. Dans cette maison de campagne qui ressemblait à un presbytère, il était entouré d'Hélène, sa compagne, de sa fille Francine, âgée de deux ans. La petite a grandi près de lui. Quelques amis venaient peupler sa retraite. Il faisait du jardinage, plantait les légumes qu'il aime. Il était en bonne santé, jouissait d'une petite notoriété depuis l'impression du *Discours de la méthode.* Il ne demandait qu'à vivre longtemps, tranquillement.

Mais sa fille Francine est emportée à l'âge de cinq ans par une fièvre maligne et c'en est fini de la vie de famille. Hélène aussi s'est éloignée, a disparu. A la même époque Descartes perd également sa sœur Jeanne et ces deuils successifs l'assombrissent. Il se jette dans le travail, seul remède à la douleur.

Le travail a toujours été son recours contre la solitude. En 1636 il a réussi à formuler les principes essentiels de sa réflexion. Il a appelé ce texte le *Discours de la méthode pour bien conduire sa raison et chercher la vérité dans les sciences.* Il l'a écrit en français et non en latin pour que même les femmes puissent le comprendre. Autobiographie intellectuelle, exposé scientifique et fable philosophique, c'est tout cela à la fois. Il ne savait pas que le public retiendrait surtout ce qu'ils ont appelé le « cogito », en français « *Je pense donc je suis* » qui a fait sa renommée. C'est dans la quatrième partie, de méditation métaphysique, que l'on peut trouver cette devise symbolique que retiendra, peut-être, il le souhaite, la postérité. Le mathématicien qu'il est s'était fait métaphysicien pour aller jusqu'au bout du doute. De la connaissance de ses imperfections et de son idée de la perfection il conclut à l'existence de Dieu. La conscience et Dieu sont les deux piliers de l'ouvrage. La publication est anonyme mais elle n'est pas passée inaperçue dans le public cultivé.

Quelques années plus tôt Descartes avait été très ému par le récit du châtiment de Galilée. Le livre de celui-ci, *Système du monde,* a été brûlé à Rome par l'inquisition. Le vieil homme en chemise, à genoux devant une assemblée de prêtres, a lu un texte où il déclare ne plus croire aux idées qu'il a défendues toute sa vie. Cette image poursuit Descartes depuis lors. Il se voit lui-même poursuivi et contraint d'abjurer ses convictions. C'est à cause d'elles qu'il va s'expatrier aux Pays-Bas. Depuis 1628 il se terre à la campagne dans cette Hollande dont il aime la douceur et la tranquillité. Il a renoncé à la mode et au taffetas pour adopter le costume noir brièvement éclairé d'un collet blanc. Cet aspect sévère lui convient. Il a travaillé des années à un *Traité du monde* qu'il n'osera jamais faire publier.

Il avait pourtant obtenu de grands succès mondains l'année précédente à Paris, quand il avait été reçu par le nonce Bagni. Il s'amusait alors à tenir des discours sophistes, à trouver une douzaine d'arguments pour défendre une idée qu'il démolissait ensuite par douze autres arguments. Cette virtuosité lui plaisait, il était invité partout mais la vacuité de sa vie lui apparut très vite et il fit sien ce proverbe d'Ovide : Pour vivre heureux, vivons caché. »

Sa jeunesse l'avait d'ailleurs prédisposé à cette sauvagerie. Au sortir de ses études de droit il avait mené une vie errante, sous l'habit militaire. Il voulait visiter le vaste monde et avait déjà choisi les provinces septentrionales, alors très à la mode. Il chevauchait avec son valet et poursuivait son chemin en Pologne et en Hongrie, puis en Allemagne où il assista au couronnement de l'Empereur Ferdinand II.

Une nuit, la nuit de la Saint Martin, il ne l'oubliera jamais, le 10 novembre 1619, sa rêverie méditative se transforme en exaltation. Il est mollement assis dans la chaleur d'un poêle dans le duché de Maubourg près de la frontière nord de la Bavière. C'est une nuit d'hiver, une nuit de solitude. Elle est peuplée de songes, rêves fondateurs. Il reçoit des visions créatrices qui le comblent d'enthousiasme. Il se sent alors sur le point de mettre au jour les fondements d'une science nouvelle et admirable. Voyages dans un autre monde, réminiscences. Il voit un melon, fruit rare et délicieux, à la forme évocatrice. D'autres rêves effrayants le ramènent à cette question essentielle : qu'allait-il faire de sa vie ? Il garde le souvenir de cette nuit exaltante et presque mystique, fondement de sa réflexion philosophique.

Il passait déjà, comme il passera par la suite, de nombreuses matinées au lit, à rêvasser. Ces rêveries méditatives étaient une source féconde de concepts philosophiques. Il s'allonge, se relève, note un mot ou deux, s'allonge encore. Il ne possède pas de livres, qui l'alourdiraient dans ses voyages. Toute sa réflexion s'élabore dans sa tête. Déjà dans son enfance il était enclin à ces matinées rêveuses. Au collège de jésuites où il est entré à douze ans, à La Flèche près de Châtellerault, il bénéficiait d'une chambre particulière, en raison de sa santé fragile Il pouvait y faire la grasse matinée. C'était la première manifestation de ce besoin de sommeil qui faisait de lui le plus grand dormeur de tous les philosophes. De l'enfance il gardait aussi le goût de la nature, des jardins. Orphelin de mère il était élevé dans la maison de sa grand-mère, une belle demeure avec son pignon aigu, son appareil irrégulier de pierres blanches de Touraine et ses sculptures de façade.

La plus vieille image qu'il garde en tête avant de mourir c'est une petite fille, une voisine, dont il était amoureux à l'âge de cinq ans... Cette fillette louchait, et cet air égaré lui ouvrait les portes du rêve.

Les funérailles de Descartes ont eu lieu au cimetière de l'Hôpital des orphelins, à Stockholm. Le corps est rapatrié en 1667 en France et placé dans l'église Sainte Geneviève du Mont. En 1793 l'Assemblée décide son envoi au Panthéon mais le décret ne sera pas exécuté. Les descendants de Descartes devront se contenter d'un asile plus modeste dans une chapelle latérale de Saint Germain des Prés, comme le raconte la belle biographie de Françoise Hildesheimer (Flammarion 2010).

La marquise de Sévigné

1626 – 1696

Marie de Sévigné se meurt dans la haute chambre que lui a donnée sa fille au château de Grignan il y a bien des années. Elle qui avait si peur, si souvent, de voir sa fille Françoise disparaître, elle sait maintenant, heureusement, que c'est elle qui partira la première. Son immense amour maternel, auquel elle a sacrifié toute sa vie, passe ce soir au second plan, après son sentiment religieux. Elle condamne sa porte à Françoise car elle veut faire face à Dieu toute seule. Ce coup de froid qu'elle a pris la semaine dernière lui sera fatal, elle le sent. Et soudain elle revoit toute sa vie, en un éclair et à rebours.

Il y a quelques mois elle a eu la joie de recevoir son petit-fils, Louis Provence, âgé de dix-sept ans. Il est venu se réfugier à « La Carnavalette », entre deux batailles. Les Hollandais l'ont blessé à la guerre et il vient se faire soigner. Marie est tout heureuse d'exhiber son « héros » à ses amis. Le jeune homme a un tel appétit qu'il chipe la cuisse de poulet dans l'assiette de sa grand-mère quand elle a la tête tournée. Celle-ci fait semblant de ne pas s'en apercevoir.

Il y a maintenant dix ans que Marie s'est installée à l'Hôtel Carnavalet, une vaste maison capable d'accueillir toute la famille. Françoise et le Comte de Grignan, y sont à l'aise avec tous les domestiques. Il y a quatre remises de carrosses, l'écurie est assez grande pour dix-huit chevaux, le jardin est bien tenu. La marquise s'est bien juré d'y vivre jusqu'à son dernier jour.

Son existence s'est déroulée tranquillement, entre Paris, le château des Rochers en Bretagne et celui de Grignan, en Provence. Ce dernier est imposant, une bâtisse énorme, magnifique. Il domine le paysage majestueux que l'on découvre du haut des terrasses. Marie y dispose de deux chambres élégamment meublées, « La Bohémienne », ainsi appelée car au-dessus du lit trône le portrait de Françoise déguisée en bohémienne; la pièce attenante est un cabinet de travail où il est agréable de s'installer pour écrire, comme Marie aime le faire, à tous ses amis. Le soir, les fêtes se succèdent, des dizaines d'amis arrivent, l'argent coule à flots. C'est la vie que Marie a toujours aimée, les bals, les dîners, et qui lui a tant plu. Son dernier séjour à Grignan a duré plus d'un an. Françoise, au bout de ce temps, a fini par lui demander de partir. Son gendre lui reprochait d'être une mère abusive, s'interférant continuellement dans les affaires du couple. Elle conseille ceci, désapprouve cela et le dit. Qu'importe qu'elle doive s'éloigner, puisqu'elle peut lui écrire. Depuis longtemps elle raconte à sa fille tout ce qui lui passe par la tête. Elle commente les événements sans s'émouvoir, avec objectivité. Tout y passe, les petites choses comme les grandes. La lettre qui a le plus ému Françoise, sur la mort de Vatel : « Le grand Vatel, maître d'hôtel de Monsieur Fouquet, cet homme d'une capacité distinguée de toutes les autres, dont la bonne tête était capable de soutenir tout le soin d'un état; cet homme donc que je connaissais, voyant à huit heures ce matin que la marée n'était point arrivée, n'a pu souffrir l'affront qu'il a vu qu'il allait l'accabler et, en un mot, il s'est poignardé. Vous pouviez penser l'horrible désordre qu'un tel accident a causé dans cette fête. »

Marie est une familière des résidences de Fouquet, une amie loyale et fidèle.

En 1670 elle s'amusait à écrire à son oncle Coulanges une lettre que le vieil homme a beaucoup appréciée : « Je m'en vais vous mander la chose la plus étonnante, la plus surprenante, la plus merveilleuse, la plus miraculeuse, la plus triomphante, la plus étourdissante, la plus inouïe, la plus singulière, la plus extraordinaire, la plus incroyable, la plus imprévue, la plus grande, la plus petite, la plus rare, la plus commune... » et cela continuait comme ça pendant des paragraphes. Il s'agissait du mariage de Lauzun avec la Grande Mademoiselle, cousine du roi. Quelques mois après cette lettre, la comtesse de Grignan a quitté sa mère pour suivre son mari en Provence. C'était la première fois que la mère et la fille se séparaient. Leur correspondance va durer des années...

Le seul nuage de son existence frivole est le coup terrible qui l'a frappée le 5 septembre lorsque son ami Nicolas Fouquet a été arrêté sur ordre du roi. Louis XIV. Le jeune monarque de vingt-deux ans, arrogant et jaloux, n'a pas supporté le luxe de celui qui devenait son rival. Marie, avec une poignée d'amis, a tenté de le défendre, de l'extirper de sa prison. En vain. Ses démarches en faveur de l'ancien Ministre des Finances lui ont coûté cher, toute la noblesse lui a tourné le dos. Cette mise à l'index a duré des mois.

Dix ans plus tôt, un autre coup du sort se transformait en allégresse : Henri de Sévigné est mort, victime d'un duel avec l'amant de sa maîtresse. Cette mort honteuse a fait beaucoup jaser mais a libéré Marie. C'est une veuve joyeuse. Elle compte bien profiter de sa liberté, malgré les médisances. Elle a fait venir une vieille tante qu'elle utilise comme chaperon et se promène de fête en fête comme jamais auparavant. Son salon est ouvert à ses admirateurs. A vingt-cinq ans, elle est belle et pleine d'esprit, elle retient ses galants, mais ne leur donne rien que le bout de ses doigts à baiser. Elle n'aime pas l'amour, sa nuit de noces l'a déçue, elle l'a raconté avec tristesse : « On mène la mariée dans son appartement, on porte son linge, sa toilette, ses cornettes. Elle se décoiffe, se déshabille, se met au lit. Chacun va se coucher. Tout est dans le silence et la modestie. »

Si les nuits sont moroses, les jours sont en fête. Marie est une allumeuse, depuis toujours elle s'entoure de flatteurs. Autour d'elle, on tient des propos galants. Mais elle reste sage. La chair ne la tourmente pas, elle n'a pas de tempérament. Les époux ne se sont rapprochés au lit que pour donner naissance à leur progéniture. Une fille d'abord, puis un garçon. Marie a fait son devoir, elle ferme alors la porte de sa chambre à son mari. Plus jamais elle ne se laissera glisser entre les bras d'un homme.

Pour faire rentrer les fermages, elle se rend de temps en temps dans son château des Rochers, près de Vitré, en Bretagne. C'est le berceau de la famille Sévigné, il n'est guère engageant. Un vieux donjon, des grandes salles glaciales, à peine meublées. Le confort est rustique. Marie n'y réside jamais longtemps, elle préfère Paris et ses plaisirs

Elle a toujours vécu dans la capitale, son enfance y a été heureuse, dans la grande maison que son père a achetée rue des Francs Bourgeois. Cousins et cousines y venaient à l'aise, c'étaient des rires, des plaisanteries. Mais Marie aimait aussi la lecture. Elle a lu tous les livres de la bibliothèque familiale, sans aucune censure. Elle chantait souvent, des petites chansons africaines dont elle raffolait. C'était une jeune fille blonde, les yeux bleus, un teint de perles comme celles qu'elle portait souvent. Sur le front, de petites boucles en accroche-cœur, mais le nez long et carré des Rabutin. De sa première enfance Place des Vosges, elle ne se souvient que du jardin, et des jardins de Paris.

La marquise de Sévigné est morte le 17 avril 1696, sans savoir que ses lettres, écrites au gré de sa fantaisie, vont lui assurer l'immortalité. La biographie de Claude Defresne (Pygmalion 2006) lui restitue une mémoire familière, assez différente de celle qui est conservée pieusement dans les livres d'école. Elle n'était pas seulement une mère mais une femme loyale à ses amis, fêtée et adulée par tout son entourage.

Voltaire

1694 – 1778

Voltaire a 84 ans, il est mourant, délaissé par sa nièce, Madame Denis, et relégué dans une maisonnette au fond du jardin de l'Hôtel de Villette. Personne ne vient plus le voir. Dans cette cabane il est gardé par une cuisinière et une garde-malade qui ne cessent de jacasser. Il a cru souvent, et annoncé plus souvent encore sa mort prochaine. Mais cette fois il sait qu'il va mourir. Cet abandon dont il est l'objet le lui certifie. Et il voit passer dans sa mémoire le film de sa longue vie, en un éclair et à rebours.

Le voilà dans sa loge à la Comédie Française, il y a juste deux mois. On donne *Irène*, sa nouvelle pièce qu'il a écrite l'année dernière. C'est l'histoire d'une femme qui aime encore l'assassin de son mari. La salle est pleine mais le public ne regarde pas la pièce, il acclame Voltaire, assis au premier rang. C'est un triomphe, une apothéose. Quelqu'un pose sur sa tête une couronne de lauriers. Les acclamations redoublent. Voltaire, tout confus, veut donner la couronne à sa voisine mais celle-ci, d'un large mouvement, la repose sur sa tête. C'est alors un délire, un tonnerre de bravos. On va chercher son buste dans le foyer, on le pose sur la scène, on le couvre de fleurs. Les comédiennes, tour à tour, le baisent au front. Voltaire croit mourir, il pleure.

Lorsqu'il sort du théâtre, le peuple l'attend dehors. La foule lui fait fête. On veut dételer les chevaux pour traîner à pied son carrosse. Il refuse, il se débat. Les femmes lui arrachent des poils de sa zibeline pour en faire des porte-bonheurs, une zibeline que Catherine de Russie lui a envoyée de Moscou. Lorsqu'il parvient enfin rue de Beaune, anéanti de gloire, il est épuisé, presque pantelant, mais cette revanche inespérée le remplit de bonheur.

Pourtant la Cour de Louis XVI continue à lui tourner le dos. On fait jouer *Irène* à Versailles, sans lui. Il n'est pas invité. Peut-être aurait-il mieux valu qu'il reste à Ferney.

Depuis dix ans le château de Ferney est sa fierté, son refuge. Un beau bâtiment blanc, tout neuf, avec un fronton triangulaire à l'antique, et des jardins à perte de vue. C'est aussi un vrai caravansérail. Les paysans et les villageois viennent manger à la cuisine toujours ouverte. Parfois une pièce leur est donnée pour les remercier de s'être dérangés. Les visiteurs de marque sont invités à la grande table présidée par Madame Denis. Voltaire n'y paraît pas souvent, il les reçoit dans sa chambre, au lit. Depuis sa naissance, il a la colique. Parfois il descend en robe de chambre, il en a de très belles, en soie, ornementées. Quand il n'a pas la colique, il est dans ses jardins, à donner des ordres aux jardiniers. Il faut cultiver son jardin, c'est une de ses devises. Ou bien il fait visiter ses manufactures, une horlogerie, une fabrique de bas de soie. Tout le village et plus encore vit de ces industries. Le château a été rasé et reconstruit. Voltaire a rebâti aussi l'église, à une lieue de là. Elle barrait le passage. L'évêque a un peu crié mais qu'importe. Voltaire se montre à la messe, il y emmène sa protégée, Mademoiselle Corneille. Et il a toujours un jésuite chez lui, le Père Adam, qui se laisse battre aux échecs.

Depuis des années Voltaire s'habille comme au siècle passé, longue veste jusqu'aux genoux, bas et souliers gris, perruque bouclée qui ne laisse voir que son nez et son menton saillants. Le visage est ratatiné mais l'œil est flamboyant, plein d'esprit ou de colère selon les cas. Le peuple de Ferney le regarde passer, il l'aime.

En 1772 on mourait de faim dans le Pays de Gex, Les paysans affamés sont venus crier sous les fenêtres de Ferney. Voltaire a fait apporter du blé de Savoie et l'a revendu au-dessous de son prix de revient. De nouveaux mendiants sont venus de Franche Comté, il a réquisitionné des stocks de blé et les a fait distribuer.

Pourtant tout le monde connaît son impiété, il crie qu'il veut « écraser l'Infâme », c'est-à-dire faire la chasse à tous les fanatismes religieux. Son idée constante est qu'il n'est pas nécessaire de croire à la vie éternelle pour être vertueux, il fait confiance à une morale universelle, indépendante des religions et des races.

En 1765, les nouvelles de la réhabilitation du père Calas sont enfin parvenues à Ferney. Le petit Pierre Calas était là, Voltaire et le jeune homme sont tombés dans les bras l'un de l'autre et ont versé des larmes de joie. Depuis le supplice du père, trois ans plus tôt, Voltaire ne croyait plus à sa culpabilité. L'homme n'a pas cessé de protester de son innocence, même attaché sur la roue, bras, jambes et reins brisés à coups de barre de fer. Pour finir le malheureux, accusé d'avoir tué son fils parce qu'il s'était converti au catholicisme, a été étranglé, son corps jeté au bûcher et ses cendres éparpillées au vent.

Voltaire, par ses lettres et ses libelles, a réveillé en Europe tous ceux qui avaient un cœur pour prendre la défense de la famille Calas. Il a financé la campagne, secouru la veuve restée sans ressources; il a mobilisé toutes ses puissantes relations et il est parvenu à prouver que les juges n'ont pas toujours raison. Pour la première fois quelqu'un s'élevait contre le crime légal, vingt-cinq ans avant la Révolution française. Les droits humains ont eu un premier avocat. Et il publie *Candide*, un conte licencieux et drolatique qui devient, à sa grande surprise, un succès international.

A cette époque-là, Voltaire est déjà très riche, il a trois châteaux, comme Cadet Roussel, Ferney en Bourgogne, Les Délices près de Genève et Tournay. Ce qu'il n'a pas pu faire à la Cour de France, où Louis XV ne l'aimait pas, ni à la Cour de Prusse, où on s'est moqué de lui, Voltaire l'a fait chez lui. Il s'est bâti un théâtre où il joue lui-même ses comédies et ses tragédies. On le voit dans les rôles de vieux barbons, où il excelle.

Le roi de Prusse, Frédéric II, pour lequel il aura toujours une tendre amitié, a fait de lui un courtisan. Mais les soirées de Sans-Souci, près de Potsdam, étaient pleines de charme. La musique se tenait dans le salon en rotonde, tout en boiseries, avec une belle cheminée de marbre rouge et un immense lustre de cristal. Frédéric jouait lui-même ses sonates, il n'aimait que la flûte, les autres instruments n'étaient là que pour l'accompagnement. Pas de femmes, elles étaient bannies. Voltaire n'est jamais parvenu à faire venir Madame Denis, quant à Emilie, c'est elle qui refusait avec insistance de se rendre à la Cour de Prusse.

L'intrépide Emilie disait qu'elle voulait être traitée partout en homme, sauf au lit. C'était pourtant une belle jeune femme quand il l'avait rencontrée, à Paris. Il avait 39 ans, elle 28 ans. Elle avait une prestance, un beau décolleté, des joues rouges, peut-être trop, elle se fardait beaucoup. Des yeux bruns très intelligents, des mains petites. Elle raffolait de bijoux et de toilettes, elle était dépensière et aimait le jeu et la danse. Et beaucoup Voltaire. Le soir de leur première rencontre, ils ont dîné dans une auberge de

Charonne, avec le Comte de Forcalquier et la duchesse de Saint Pierre. Il faisait doux, le vent léger faisait trembler les bougies et enflammait les yeux des femmes. Voltaire est tombé amoureux, cet amour a duré seize ans, jusqu'à la mort d'Emilie.

Le mari, Monsieur du Châtelet, est complaisant. Voltaire et Emilie sont invités partout ensemble, forment un couple à la mode. Emilie a trois enfants, elle aime les mathématiques, elle traduit Newton. Le château d'Emilie, à Cirey, est disponible, ils s'y installent après avoir fait de grands travaux d'aménagement qui coûtent des sommes folles à Voltaire. Celui-ci a fait fortune en spéculant sur le sucre et les épices, il dépense sans compter. Ce sont les années les plus heureuses de sa vie. Il travaille beaucoup, Emilie aussi, ils se retrouvent pour les repas. La conversation est brillante, la chère également. La chambre de Voltaire à Cirey est tapissée de velours cramoisi, il y a des tableaux charmants, des laques, des statues entre les fenêtres, des vitrines pleines de livres et d'appareils de physique, une chambre noire.

Le soir on joue déjà la comédie, on rit beaucoup à Cirey, et on chante. Emilie a une voix divine, elle est capable de chanter tout un opéra. Voltaire est un acteur extraordinaire, quand il joue, sa voix prend un timbre puissant et drôle. Le dieu et sa nymphe ont parfois des scènes affreuses, ils se disputent en anglais. Voltaire se retire avec la colique, une diarrhée qui l'épuise et le laisse à moitié mort pendant des heures mais dont il renaît sans cesse. Il écrit *Le Siècle de Louis XIV*. Sa tragédie *Mérope* a été un grand succès. Il est devenu l'historiographe du roi. Il a obtenu la bénédiction du Pape Benoit XIV. Il ne lui manque plus que l'Académie.

En 1745, hélas, la chance avait commencé à lui tourner le dos. Voltaire est invité à faire représenter à Versailles *Le temple de la gloire*, un divertissement de cour. On y voit un défilé de héros antiques, tous fameux et tous cruels. Enfin paraît Trajan, victorieux, magnanime. Bien sûr, c'est une évocation de Louis XV.

Voltaire s'approche du roi, l'air désinvolte :

– Trajan est-il content ? Demande-t-il innocemment. Il ne reçoit qu'un regard de glace. Le roi n'est pas satisfait, il est offensé. Louis XV n'a pas la souplesse de Frédéric II. Ce n'est pas la première fois que Voltaire déplaît à la cour. A Fontainebleau, au Jeu de la Reine, Madame du Châtelet perd une fortune. Elle s'entête et continue à jouer. Voltaire regarde autour de lui avec inquiétude tous les courtisans acharnés à sa perte.

– Vous jouez avec des fripons, dit-il en anglais à Emilie.

Mais on l'a entendu. Les joueurs se redressent, menaçants. On veut lui faire un mauvais parti. Ils sont obligés de quitter en hâte la cour de Louis XV. Ils retournent à Cirey en voyageant de nuit. Voltaire n'oubliera pas cette fuite en carrosse. Justement un essieu se casse et les voilà qui versent dans le fossé. Ils s'assoient sur le talus pour attendre des secours. La nuit est belle et ils redeviennent philosophes. Ils admirent les étoiles. Newton les rapproche et les réchauffe, ils se tiennent la main et s'élancent dans les espaces infinis.

– Ah, que n'avons-nous apporté le télescope ? S'écrient-ils.

Ce seront leurs derniers beaux jours.

La mort d'Emilie en couches – elle attendait un enfant de son amant Saint Lambert, situation que Voltaire acceptait mal – vient mettre fin au bonheur du philosophe. Il se retrouve seul, désespéré et sans asile. Il déménage de Cirey, aidé par Monsieur du Châtelet. Il emballe ses meubles, ses tableaux, ses statues placées dans des tonneaux de paille. Et lui que l'on dit avare, il abandonne au mari d'Emilie les sommes versées pour les travaux d'aménagement du château. En attendant mieux il retourne à la maison qu'il habitait à Paris avec Emilie, rue Traversière. Il erre à travers les chambres vides en répétant son nom. Un matin son secrétaire le trouve comme hébété, parlant à voix haute. Pour le guérir de son chagrin, il a une méthode choc : il lui fait lire les lettres qu'elle adressait à Saint Lambert. La médecine est sévère mais Voltaire est guéri, il sèche ses pleurs et peu à peu décide de céder à la pression du roi de Prusse, qui l'invite à sa cour depuis trois ans.

Mais la mort de sa chère Emilie l'a ramené à une autre mort, qu'il n'a pas oubliée, celle de la comédienne Adrienne Lecouvreur, qui était sa maîtresse, quelques années plus tôt. Voltaire avait trente ans, il n'a pas eu le temps de l'aimer vraiment, pris par toutes ses ambitions. Adrienne, comme actrice de théâtre, était excommuniée. A sa mort, son corps ne pouvait pas être enterré en terre chrétienne, il est parti à la voirie. Il a été enfoui dans un terrain vague, sous les détritus. Depuis ce temps, Voltaire a peur, il craint d'être enterré lui aussi comme un vagabond. Il a écrit un poème sur l'horreur qu'a été pour lui cette mort mais cela n'a pas calmé son angoisse. Celle-ci resurgira chaque fois qu'il aura peur de mourir, et ce sera souvent. Cette humiliation suprême ne le quittera jamais.

L'humiliation, il l'a connue à plusieurs reprises quand il était jeune. La plus grande a été d'être bastonné publiquement par le Chevalier de Rohan, en 1725. Il a rencontré l'homme, justement, dans la loge d'Adrienne, à la Comédie Française. On connaît l'arrogance des grands seigneurs, on se souvient de la devise des Rohan : « Roi ne puis, Prince ne daigne, Rohan suis ». Mais pour Voltaire il n'y a pas de grand seigneur, autrement que dans le pays des lettres. Quand le Chevalier le prend de haut parce qu'il a changé son nom, de Arouet, à Voltaire, ce dernier lui répond fièrement :

– Je commence mon nom, vous finissez le vôtre.

Mal lui en a pris. Trois jours plus tard il dîne chez le duc de Sully, son ami. On le prévient qu'un message l'attend dans la rue, il sort. Il s'approche d'une des deux voitures et là, sur le marchepied, il est assailli par deux malandrins qui le couvrent de coups de bâtons. Tandis qu'il crie et se débat, il entend une voix dans l'autre voiture, qu'il reconnaît aussitôt comme celle du Chevalier de

Rohan :

— Ne frappez pas sur la tête, il peut en sortir quelque chose...

Bouleversé, fou de rage, Voltaire remonte chez Sully, il veut entraîner son ami au commissariat de police, pour porter plainte contre Rohan. Mais le silence l'accueille. Face à un Rohan, un Voltaire ne fait pas le poids. Et il y a une tradition, en France, de bastonner les poètes...

Voltaire ne se résigne pas. Il veut tuer le Chevalier. Il prend des cours chez un maître d'armes. On s'inquiète et on l'envoie à la Bastille où il a déjà passé onze mois, quelques années plus tôt. Cette fois, c'est avec ménagement, on lui réserve un appartement, il reçoit des visites. Tout Paris défile. Ridiculisé par la bastonnade, Voltaire est réhabilité par la prison. Cela devient gênant. On le libère à condition qu'il s'éloigne, qui parte en exil. Ce sera Londres où il restera trois ans. Il apprendra l'Anglais, écrira *Les Lettres Philosophiques* et traduira Hamlet de Shakespeare.

Ainsi l'humiliation, il la connaît, mais à travers elle, la gloire aussi, dès sa jeunesse. En 1718 il fait jouer sa tragédie *Œdipe* par la Comédie Française. Le soir de la première il est si heureux qu'il monte sur scène et y fait le pitre. Il ramasse la traîne de la robe du grand prêtre et la porte en procession. Il a 24 ans. Son père, M. Arouet, grommelle entre ses dents : « Ah, le coquin, le coquin !». Il maudit son fils qui est perdu pour le notariat. Mais le Prince de Conti le compare à Racine, le dieu de Voltaire. Il est pensionné par le Régent.

Le même Régent par lequel il a été envoyé à la Bastille pour avoir tourné des vers contre lui. Dénoncé par un faux ami, Beauregard, il a passé onze mois dans cette prison, sans rien, sans même un carnet. Il a écrit la plus grande partie de *La Henriade* sur les marges des quelques livres qui sont à sa disposition. C'est un poème à la gloire d'Henri IV.

Il écrit aussi des lettres, il en écrira toute sa vie. A 19 ans, c'est à son premier amour, Pimpette, qu'il envoie une correspondance. C'est la fille de Madame Dunoyer, une femme galante et intéressée. Cela se passe aux Pays-Bas où il a été envoyé par son père qui ne sait plus que faire de lui. Pimpette est vive et gracieuse, elle l'aime beaucoup et lui a tout donné mais sa mère la destine à un mariage plus reluisant, et ce sera leur premier chagrin d'amour.

Ce ne sont pas pourtant ses premières armes d'écrivain. Dès 1706, à l'âge de 12 ans, il écrit sa première tragédie, *Amulius et Numitor,* dont on ne connaît que le titre. L'hiver, cette année-là, est bien froid, il se presse avec ses camarades contre le poële, au Collège de Jésuites de Louis le Grand. Il est déjà malingre et frileux mais il sait faire des grimaces et déclencher les fous rires. Il sait aussi qu'il sera un grand écrivain car il écrit des vers comme d'autres jouent aux cartes. Il garde une grande reconnaissance au Père Porée, son maître, et s'en souviendra toute sa vie.

Avant les Jésuites, il ne veut rien se rappeler de son enfance, excepté une image, celle d'une vieille dame un peu décrépite mais très douce, une amie de sa mère, qui l'a reçu et lui a fait réciter des vers. Elle lui a légué mille livres pour acheter des livres. Elle avait 80 ans et s'appelait Ninon de Lenclos.

Voltaire est mort le 30 mai 1778 à Paris. Son corps est transporté secrètement pour être enterré en Champagne, auprès de l'Abbé Mignot, le frère de Madame Denis. Dix ans plus tard, pendant la Révolution, le corps sera exhumé et transporté au Panthéon mais en 1814 le cercueil fut ouvert par des inconnus, le corps enfoui dans un terrain vague, à Bercy, sous la chaux vive. Il ne sera jamais retrouvé.

Ainsi Voltaire est revenu à son destin, qu'il a toujours redouté, celui d'être mis à la voirie, comme un chien, un comédien, ou un poète. Mais on le retrouve, pour l'éternité, dans les pages de ses deux récentes biographies, le *Voltaire* de Jean Orieux (Flammarion) et celui de Pierre Milza (Perrin).

Madame de Châtelet

1706 – 1749

10 septembre 1749 à Lunéville. La marquise du Châtelet se meurt au sixième jour de ses couches; une fièvre de lait; elle sent la mort venir. Le marquis, Saint Lambert et Voltaire l'entourent. Au lieu de demander un prêtre, elle réclame le manuscrit de son *Commentaire* et y appose d'une main tremblante la date du jour. Puis elle revoit toute sa vie, en un éclair et à rebours.

Il n'y a pas deux années, elle écrivait pour elle-même un livret plein de nostalgie, *Le Discours sur le bonheur.* Elle avait été heureuse jusqu'alors et sentait bien que son bonheur s'écroulait. Voltaire la trompe avec sa nièce, Madame Denis, une femme qu'elle trouve fort vilaine. Elle s'amourache d'un jeune fat, joli garçon mais un peu borné dont elle sent bien qu'il ne l'aime pas. Dans son petit livre elle met en vedette la première source de bonheur qui a présidé toute sa vie, l'amour des études. C'est grâce à cette passion qu'elle est entrée dans la société des savants de son époque, à part entière. En 1740 elle a publié sa grande œuvre, *Les Institutions de physique,* un livre de mère, de femme et de savante. Il est dédié à son fils; elle y expose toutes les connaissances des scientifiques latins, anglais et français. Elle y a travaillé comme une forcenée au château de Cirey. L'ouvrage est anonyme, comme il sied à une femme, mais on sait qu'il est l'œuvre d'une dame et bientôt l'Europe entière connaîtra son nom. Elle voulait devenir la première femme de sciences de son temps, elle l'est.

Il est loin le temps où son amour pour Voltaire suffisait à son bonheur. D'ailleurs lui a-t-il jamais suffi ? Quand ils se sont installés tous deux à Cirey, la demeure du marquis, c'était déjà un « mariage » de raison. Emilie était déçue par son existence mondaine, cette vie de fêtes et d'amours brèves qu'elle a menée des années durant. A 29 ans, il est temps de s'assagir, et de devenir raisonnable. Elle tourne le dos à la passion du jeu qui la dévorait. Voltaire a embelli le château, il a rendu confortables les pièces d'habitation. Il a installé dans une aile un laboratoire dans lequel ils font tous deux des expériences passionnantes. Le jardin est magnifique, orné des espèces les plus rares. Ils y passent des moments heureux, des moments de grâce et d'estime réciproque. Des moments de consolation.

Car Emilie se heurte à l'incompréhension et à l'hostilité de ceux qui la considèrent comme une « femme savante », avec tout le mépris que cette appellation revêt depuis que Molière a tourné en ridicule cette étrange race. Frédéric II de Prusse, lui aussi s'est moqué d'elle quand elle lui a envoyé son livre : « Je me flatte que ce sera la marquise du Châtelet qui lira ma lettre et non l'auteur de la Métaphysique entourée d'algèbre et armée d'un compas » a-t-il écrit. Les femmes du monde, Madame Du Deffand la première, médisent et rient dans son dos. Tout Paris connaît le vilain portrait que la salonnarde a fait d'elle.

Durant toute sa jeunesse Emilie a supporté sans rien dire les difficultés des autodidactes, le travail solitaire, l'absence d'encouragements, les lectures difficiles que personne ne vient éclairer. Les études supérieures étant inaccessibles aux femmes, elle a été obligée de profiter de ses relations pour trouver des professeurs particuliers.

Mais avec Voltaire elle rencontre un féministe qui pense que les sexes sont égaux, que même parfois les femmes supérieures. Il voit en Emilie une mère. Elle-même aime Voltaire comme un fils tendrement chéri, souvent malade. Quand ses coliques l'assaillent elle s'assied près de lui pour lui faire la lecture; elle surveille son alimentation. Parfois il fait mine d'être malade pour être encore plus materné.

En 1838, sans dire un mot à Voltaire elle a décidé de concourir pour son propre compte en se présentant à l'Académie des Sciences avec un *Mémoire sur la nature... du Feu et de sa propagation.* Elle avait suivi les expériences de Voltaire et s'était passionnée pour le sujet, pourtant son texte était radicalement différent du sien. Son travail est resté anonyme mais il a reçu, comme l'autre, l'imprimatur.

Emilie songe aux folles amours qu'elle a entretenues avant de s'installer à Cirey. Il y a eu d'abord le Comte de Guébriant, un séducteur qu'elle a poursuivi de ses assiduités, qu'elle a accablé de reproches et de serments. Lorsqu'il la trompe, elle veut mourir. Une nuit, elle le fait venir, le reçoit chez elle, discute de choses et d'autres. Quand il prend congé, elle le prie de lui verser un peu de bouillon qui se trouve sur la cheminée; elle le boit, puis tend une lettre à son amant, à lire après son départ. C'est un adieu : « Je meurs empoisonnée par votre main » écrit-elle. Affolé, Guébriant revient, lui fait prendre un contrepoison. Elle est sauvée mais l'histoire fait le tour de Paris.

Elle sera plus prudente avec le duc de Richelieu. Leurs amours sont brèves mais ils en gardent une amitié sincère. Elle a rencontré Maupertuis dans le salon des Brancas et se trouve séduite par le génie précoce du jeune homme. Elle en fera son professeur de mathématiques.

C'est alors une belle jeune femme, grande et solide, avec de grands pieds et des mains formidables. Ses cheveux noirs sont très longs, relevés par derrière et bouclés comme ceux des enfants. Très féminine, elle aime les bijoux et les pompons, les pierreries et les colliers. Elle porte souvent une robe d'indienne et un grand tablier de taffetas noir. Monsieur du Châtelet l'a trouvée à son goût et l'a épousée en 1725. Mariage de convenance, certes, mais il s'est montré un bon amant et a su éveiller ses sens. Il sera toujours son meilleur ami. Quand elle s'installe au château de Semur, avec ses livres et ses compas, elle est heureuse. Enceinte à l'automne, elle accouche d'une fille puis une seconde fois, d'un fils. Elle a fait son devoir. Elle peut retourner à sa vie mondaine.

La passion du jeu l'a saisie tout entière. Elle raffole de la cavagnole, qu'on joue à la cour. Elle y perd des fortunes. Elle aime l'angoisse d'attendre une carte qui la fera perdre ou gagner.

Elle n'est guère intéressée par la table et la bonne chère ne l'inspire pas. Elle se moque que ses invités se plaignent du mauvais vin qu'elle leur sert. Son ambition est tout intellectuelle.

Elle avait dix ans lorsqu'elle rencontrait Voltaire au château de Preuilly sur Claisse. Lui, il se souvient d'une petite fille très brillante et remplie d'une véritable volonté de savoir. Il le lui a raconté, elle n'en a aucune mémoire. Il avait vingt-deux ans, c'était déjà bien vieux pour elle. Son enfance a été heureuse, dans le grand hôtel de Saint Roch, le quartier le plus élégant de Paris. La maison de quatre étages donne sur les Tuileries. A chaque étage, huit ou neuf chambres décorées de dorures. Le quatrième niveau est celui des enfants. Le baron et la baronne, les parents d'Emilie, montent chaque soir pour le coucher. La mère est une femme austère qui ne sourit presque jamais mais le baron est libéral et aime sa fille. C'est lui qui lui a donné cette confiance en elle qu'elle a gardé toute sa vie. C'est une assurance contre les coups du sort.

Madame du Châtelet est morte quelques heures après avoir écrit la date du 10 septembre 1749 sur son manuscrit. C'est Voltaire qui fera publier plus tard sa traduction de Newton. Longtemps oubliée, la marquise sera ressuscitée par Elisabeth Badinter dans son livre *Emilie, Emilie, l'ambition féminine au XVIIIème siècle (Flammarion* 1983), récemment réédité.

Germaine de Staël

1766 – 1817

Juillet 1817; Madame de Staël est assise dans le jardin de la maison de Sophie Gay, qu'elle a louée pour y mourir. Elle souffre d'hydropisie depuis des semaines. Elle sent la mort venir. Madame Récamier vient de la quitter, ce sera sa dernière visite. Dans sa chaise roulante au milieu des fleurs, elle a peur de s'endormir sans pouvoir se réveiller. Elle revoit alors toute sa vie, en un éclair et à rebours.

La première image qui lui vient à l'esprit est celle de son mariage avec Rocca, l'année précédente. Le beau jeune homme qu'elle a rencontré cinq ans plus tôt chez des amis et qui a vingt ans de moins qu'elle. La noce a été célébrée dans l'intimité, devant deux seuls témoins. Puis Germaine a fait son testament. Elle voulait mettre ses papiers en ordre; pour partir tranquille.

Encore un petit bond dans le temps et c'est, en 1815, la vision de Napoléon revenant de l'Ile d'Elbe pour les Cent jours. Son ennemi le plus juré. Elle était atterrée, elle a quitté Paris en chaise-poste. La défaite de Waterloo est venue heureusement mettre un terme à son angoisse. Elle s'était justement lancée dans une campagne pour l'abolition de l'esclavage, que l'Empereur avait rétabli. De retour de Londres pour l'exil de celui-ci, elle a rouvert son salon, rue de Grenelle. La vie mondaine a repris. C'était juste après son grand voyage qui passait par Saint Petersbourg. De ce voyage, elle a un souvenir mitigé. En 1812 elle vendait le château de Coppet à son fils, non sans un pincement de cœur. Puis elle a pris la route vers la Russie, en s'arrêtant à Vienne. En parvenant à Moscou, en août, elle est conviée à un grand dîner, pour manger une soupe de poissons. Les hommes qui l'entourent sont tous occupés à manger, muets, figés. Les beaux esprits sont partis à la campagne, dans leurs terres. Elle qui est si prolixe, elle n'a pas pu dire un mot de la soirée. Elle serrait dans ses doigts un tube de papier et le roulait nerveusement.

Le lendemain elle reprend la route, déçue. Heureusement Saint Petersbourg l'enchante. Elle visite les églises, les couvents, les réceptions. Elle rencontre toute l'élite de la capitale. Elle est reçue par le Tzar Alexandre qui lui parle politique, elle est aux anges.

En septembre elle s'arrache aux premières glaces de la Neva, traverse la Finlande et s'embarque pour la Suède où elle complote avec Bernadotte pour renverser Napoléon. Au printemps suivant, enfin, elle parvient à Londres, le but de son voyage. Rocca s'est installé à Bath, une ville d'eau. IL ne la rencontre que la canne et le chapeau à la main. La vie mondaine dans la capitale anglaise est décevante : les femmes n'y croisent pas les hommes. Elles ne sont pas invitées dans la conversation. Elle qui a toujours aimé être entourée d'hommes...

Pourtant, en 1805, un homme l'a trahie, Benjamin Constant, son compagnon depuis seize ans. Il a rompu le pacte qui les liait tous les deux. Il s'est marié en secret et sa femme Charlotte le réclame. Madame de Staël fait irruption un soir dans l'intimité du couple. Elle fait le siège jusqu'à quatre heures du matin. Elle exige qu'ils tiennent leur mariage secret. Son amour propre s'oppose à cette publication. Elle va nier ce mariage, chercher à l'annuler par tous les moyens possibles.

Malgré cette crise elle parvient à écrire ce qui sera son meilleur ouvrage : *De l'Allemagne,* un essai sur la littérature et la société allemandes, basé sur les connaissances qu'elle a tirées de son séjour dans ce pays, six ans plus tôt. Elle écrit ce livre dans un château princier loué au bord de la Loire, à Chaumont. Des semaines de bonheur à écrire et à se promener. Elle espérait que l'ouvrage attendrirait Napoléon et qu'elle obtiendrait sa grâce. Mais le livre est victime de la censure personnelle de l'Empereur qui en a lu les épreuves. Il est saisi, suspendu. Il est finalement pilonné. Madame de Staël est rentrée à Coppet, désespérée. En vantant les libertés de Berlin et de Weimar elle a porté offense au despotisme qui règne en France. *De l'Allemagne* était une initiation à la culture allemande, il est aussi l'annonce d'une littérature nouvelle, l'avènement du Romantisme qui triomphera en France dix années plus tard.

Dans le grand salon de Coppet, elle souffre de plus en plus de l'exil où l'a condamné Napoléon. Pourtant sa célébrité lui fait rencontrer tout ce que l'Europe compte de beaux esprits. Les journées sont bien remplies au château. Le déjeuner, vers dix heures, réunit une première fois les convives autour de la châtelaine puis chacun retourne à ses lectures et à ses écritures. Le dîner les retrouve à nouveau à cinq heures. Tout le monde fait cercle sur les fauteuils Louis XVI rouge et or, entourés des plus belles tapisseries de l'époque. Le souper, qui a lieu à onze heures ne clôt pas les colloques qui se prolongent tard dans la nuit. Les représentations théâtrales sont fréquentes, Racine, Voltaire ainsi que les œuvres des auteurs maison.

En 1807 Madame de Staël publiait son deuxième roman, *Corinne ou l'Italie,* dont le succès était déjà considérable. Roman d'un amour contrarié entre un jeune Ecossais, Oswald, et une artiste italienne à la fois poète et musicienne, célèbre et fêtée dans toute l'Italie. Roman féministe avant la lettre : Corinne vit indépendante et a réussi par son génie à devenir l'une des grandes figures de son pays. Livre romantique, il se termine par la mort de l'héroïne. Les critiques ont été nombreuses. Corinne contrevient aux convenances de son sexe, et sort du destin qui est tracé aux femmes. Napoléon est furieux de ne pas être présent dans cet ouvrage sur une Italie qu'il prétend avoir lui-même reconstruite.

Déjà au moment de la parution de son premier roman, *Delphine,* il était entré en fureur. Le récit et le personnage célébraient la liberté individuelle que le général, alors Premier Consul, avait voulu étouffer. Roman d'amour tragique lui aussi, roman de mœurs, roman sensible, c'est un roman anticonformiste dans une France qui s'en remet à un chef suprême. La question du divorce, celle du suicide paraissent comme autant de provocations. C'est l'exil de son auteur. Madame de Staël est alors partie pour l'Allemagne.

Séjour à Weimar où elle brille au château ducal. Elle éblouit les convives de son esprit et de ses traits de génie. Elle les noie dans un flot d'éloquence. Goethe, Wieland, Schiller sont sous le charme. Goethe, surtout, dont elle admire la profondeur, les saillies, les idées. Ne pouvant revenir à Paris, elle est repartie, pour l'Italie cette fois. Sa vie est une errance. En voyage, elle emmène ses trois fils, leur précepteur, Schlegel, qui est amoureux d'elle, deux valets, une femme de chambre et Benjamin Constant. Elle est accueillie dans toutes les cours depuis la publication, en 1800, de *De la littérature,* un livre sur la littérature comparée qui a obtenu un beau succès public La première édition est épuisée à la fin de l'année et une autre a été mise sous presse.

Nombre d'idées politiques émises dans cet ouvrage ont suscité des réactions contrastées. Fontanes et Chateaubriand l'attaquent dans les journaux mais une chose enchante Madame de Staël : on la prend enfin au sérieux, malgré son sexe. Son sexe qui lui vaut tant de déboires. Sa première rencontre avec Napoléon en 1797 a été désastreuse. Le 6 décembre au matin elle se rendait au Ministère des Relations extérieures et découvrait le petit bonhomme au teint blafard, au visage fatigué mais aux yeux brûlants. Sa froide politesse la glace. Il l'intimide, chose surprenante, elle qui ne se laisse démonter par personne. C'est une énigme, sa tournure, son esprit lui sont étrangers.

Elle assiste à sa réception au Directoire dans la cour du Luxembourg. Elle l'invite dans son salon mais il ne vient pas. Il la fuit ostensiblement. Un jour elle lui demande qui est, à ses yeux, la femme la première du monde, il lui répond, en souriant :

– Celle qui a le plus d'enfants.

Elle n'a pas réussi à mettre Napoléon dans sa poche. Il n'aime pas les femmes savantes, celles qui échappent aux devoirs « naturels » de leur sexe. Madame de Staël est d'autant plus vexée qu'elle est en train d'écrire un ouvrage qui propose une révision constitutionnelle pour remédier à toutes les tares du Directoire. Cet ouvrage ne sera pas publié mais il témoigne de l'élévation de son esprit et du bien-fondé de sa réflexion politique.

Des enfants, elle-même en aura six, une fille du Baron, Gustavine, trois fils et une autre fille, Albertine. Les deux garçons aînés sont de son amant Narbonne, la fille, probablement, de Benjamin Constant, on ne sait pas trop, et le dernier, de Rocca. Autant elle était embarrassée par les bébés, qu'elle mettait en nourrice, autant elle les a aimés quand ils sont devenus grands. Elle suivait leurs études, les emmenait dans ses voyages, leur apprenait toutes sortes de choses. Elle n'a jamais failli dans son rôle de mère.

Dans celui d'amante non plus. Quand elle a rencontré Benjamin, cependant, elle ne pensait pas à faire de lui son compagnon. Il n'était pas beau, le teint blafard, les cheveux rouges, les yeux globuleux, une mise négligée. C'était un rouquin disgracieux mais sa culture la captivait. Il était mauvais garçon, joueur, coureur, batailleur, emprunteur. Il fréquentait les filles, se battait en duel, profitait toujours de l'indulgence d'un père inattentif. Mais il était amoureux de Germaine.

Il a loué une maison à proximité de son lieu de séjour et passe l'hiver à l'admirer de loin. Il lui écrit plusieurs fois par jour, la fatigue de ses dissertations mais la charme par les ressources de son esprit. Germaine alors est encore éprise de Ribbing, le Suédois, qui reste sourd à ses discours enflammés.

L'année suivante, 1795, elle rentre à Paris et devient républicaine. Elle ouvre son salon, dont Benjamin devient l'ornement. La rue du Bac retrouve son activité, elle y est reine. On ne voit qu'elle, on n'entend qu'elle, elle a son avis sur tout. Elle prend la parole en politique, dans une sphère jusque-là réservée aux hommes. On n'oublie pas qu'elle est la fille de Necker. Elle est féministe, bien qu'elle ne le revendique pas. Ce qui est en cause, c'est sa gloire personnelle, non la gloire des femmes.

Elle éprouve avec Benjamin Constant des affinités intellectuelles et devient son amante. Ils échangent un pacte d'amour réciproque et promettent de se consacrer leur vie, un serment de la main de Benjamin mais qui les engage tous les deux, sans que jamais elle ait été amoureuse de lui.

Par contre, un peu plus tôt, avec Narbonne, elle était amoureuse. Elle avait vingt-cinq ans, il était un bel officier, fringant commandant d'artillerie. Elle a réussi à en faire un Ministre de la Défense, grâce à ses relations. C'était l'époque où elle écrivait des pièces de théâtre pour ses amis. Son père, Necker, l'appelait « Madame de Saint Ecritoire ». C'était affectueux mais agaçant, elle avait toujours été adulée par son père. C'est lui qui lui avait communiqué toute son assurance. Elle ne l'en remercierait jamais assez.

Avant, avant, c'était la Révolution. L'année 1789 avait été la plus folle de sa vie. Le 10 juillet, le retour de Necker à Paris s'était déroulé sous les vivats de la foule qui se pressait au passage de la voiture. Germaine n'oubliera jamais cette journée. Elle était émerveillée par l'accueil des Parisiens. Des hommes et des femmes aux fenêtres criaient « Vive Monsieur Necker ! » A l'Hôtel de Ville, la place était remplie d'une multitude qui se précipitait sur les pas du Ministre. Germaine s'est évanouie de joie.

Mais la nuit du quatre août, celle de l'abolition des privilèges, elle n'avait pas dormi. Elle s'inquiétait, elle multipliait les rencontres avec ceux dont le soutien à son père lui semblait indispensable, Talleyrand, Lameth, Clermont-Tonnerre. Certains d'entre eux, d'ailleurs, étaient ses amants éphémères. La suite est confuse dans sa mémoire. Il y a eu la journée du 5 octobre, où elle a gagné Versailles pour rejoindre ses parents. Necker a paru sur le balcon avec la famille royale. La foule s'est calmée mais le roi et la reine ont été obligés de revenir à Paris. L'année suivante vit la démission de son père, Germaine accouchait de son fils Louis-Auguste, elle a tout oublié du reste.

Elle n'aime pas non plus se souvenir de son mariage avec Eric-Magnus de Staël, l'ambassadeur de Suède à Paris. Ce sont ses parents qui l'ont choisi, il était protestant. Mais il était bel homme, élégant. Pourtant il lui faisait grise mine. Le 14 janvier 1786 la jeune mariée était triste, mais qu'importe ? Germaine devenait la Baronne de Staël. C'était la fin de la période la plus heureuse de sa vie, son enfance auprès de son père et de sa mère. Ses parents l'appelaient Minette quand, sur un tabouret, elle se tenait dans le salon, écoutait les philosophes, retenait leurs formules, se plaisait à répondre à leurs remarques. Tout le monde disait que c'était une enfant prodige. Elle faisait ainsi l'apprentissage de l'art de la conversation, sa grande force.

A Coppet, que Necker venait d'acheter, aux confins de la Suisse, à quelques lieues de Genève, les printemps étaient charmants. Récemment construit, flanqué de deux tours, le bâtiment donnait sur un grand parc. Le calme, la proximité de lac Léman, et les ombrages des grands arbres. La jeune fille brillait de tous ses talents, dansait, chantait, devenait coquette. Elle n'était pas très jolie mais ses yeux noirs avaient de l'éclat. Elle avait de l'esprit et de la répartie. Ses prétendants étaient nombreux. Elle était riche et son père était célèbre. Ce père auquel elle a voué un culte. Toute sa vie elle restera la fille de Necker.

Madame de Staël est morte le soir du dimanche 13 juillet 1817, après une courte visite du duc d'Orléans. Jusqu'au dernier moment elle a tenu son rôle d'hôtesse. Les obsèques ont eu lieu à Coppet, où elle repose auprès de ses parents.

Sa postérité a été ingrate, ses ouvrages sont peu lus, on ne se souvient d'elle que grâce à sa formule brillante « La gloire est le deuil éclatant du bonheur ». Jusqu'à la prodigieuse biographie de Michel Winock (Fayard 2010) qui la fait revivre dans toutes ses dimensions, politique, littéraire, salonnière, amoureuse et mère.

Chateaubriand

1768 – 1848

A 80 ans, Chateaubriand appelle la mort depuis longtemps. Il est brisé de rhumatismes et souffre continuellement. Il a mis la dernière main à son œuvre testamentaire, *Les Mémoires d'Outre-tombe,* et a reçu la veille les derniers sacrements. Ce matin, il vient de signer une rétractation de tout ce qu'il peut y avoir d'injurieux à l'égard de la religion dans toute son œuvre. Il allonge son corps douloureux dans son petit lit de fer et soudain, se met à revoir toute sa vie, en un éclair et à rebours. Une vie troublée et confuse, parce que l'époque l'était.

Il y a un an à peine il a retrouvé sa femme Céleste morte dans son lit. Depuis, il se sent encore plus isolé. Seule la visite quotidienne de Madame Récamier adoucit ses journées. Un dernier voyage à Venise, trois ans plus tôt, a remué bien des souvenirs.

Sa dernière publication, *La vie de Rancé,* n'a obtenu que l'accueil indulgent que l'on accorde à la vieillesse. Ses fameuses *Mémoires* doivent être posthumes, il en a décidé ainsi. Il les a vendues d'avance, en viager, à l'éditeur Delloye, et depuis lors il vit en sursis, tout le monde attend sa mort. D'ailleurs il est un mort-vivant, son existence est morne. Lui qui a tant voyagé, tant ferraillé, il est réduit par ses difficultés financières à une vie monotone : tasse de chocolat à 7 heures avec Céleste, puis lecture des journaux, écriture, correspondance. Toilette à onze heures ; il est toujours soigné et bien vêtu. Puis promenade dans le parc. L'après-midi en compagnie de la merveilleuse Juliette et de ses amis. C'est sa seule sortie mondaine. Dîner bourgeois avec Céleste. Il est pauvre, il fait des traductions, *Le Paradis perdu,* de Milton. Il a désespéré de la politique, de la renommée, de ses affections humaines.

En 1832, quand il pouvait encore se déplacer, il a signé un pacte d'amitié avec Juliette, au bord du lac de Constance, parsemé de colchiques. Avec elle il s'est rendu à Coppet pour saluer la mémoire de son amie Germaine de Staël. Royaliste loyal, il a soutenu dans son procès la Duchesse de Berry avant d'apprendre avec consternation qu'elle était enceinte d'un inconnu. Il se disait alors « démocrate par nature et aristocrate pour ses mœurs ». Toute sa vie il a vécu dans cette ambiguïté, le cœur à gauche mais le bulletin de vote à droite.

Le 25 juillet 1830, de nouvelles ordonnances sont publiées dans *Le Moniteur.* L'une d'elles restreint encore les libertés de la presse, une autre dissout la Chambre des députés. Paris s'insurge, c'est la Révolution de Juillet, les Trois Glorieuses. Le roi Charles X Bourbon cède sur tous les points et abdique. Malgré la supplique de Chateaubriand, c'est Louis Philippe d'Orléans qui est porté sur le trône. Ce changement de dynastie attriste l'écrivain. La fin de sa liaison avec Hortense Allard est le prétexte d'une réflexion désabusée sur la rage de vieillir.

Deux ans plus tôt, pourtant, il avait vécu un épisode éclatant. Pour éloigner ce gênant contestataire le roi Charles X le faisait nommer ambassadeur à Rome, le rêve de sa vie. Somptueusement logé, il entreprend de recevoir toute la société dorée de la Ville éternelle, avec le même faste que son prédécesseur, sans en avoir les moyens. Ce mélancolique invétéré promène malgré tout sur cette foule brillante un regard ennuyé et absent. Déjà il retient auprès du maire de Saint Malo un carré de terre au Grand Bé, un rocher au large, où l'attendra son cercueil. La mort du pape Léon XII est l'occasion de mettre un terme à ces mondanités qu'il adore et redoute à la fois. Il lance le deuil avec soulagement. Mais le nouveau pape Pie VIII est la cause d'une grave mésentente entre le Vatican et la France, dont Chateaubriand sera rendu responsable. Il s'éclipse avec la belle Hortense, 27 ans, femme de lettres, qui est pour lui un bain de jouvence.

A Paris il contemple la montée du Romantisme, qui lui doit beaucoup, et assiste à une représentation d'*Hernani*. Inconstant en amour, il a toujours été fidèle en amitiés, avec toutes ses « Madames » comme les appelait sa femme Céleste. Madame de Duras, la plus puissante, Madame de Staël, la plus brillante et la plus contestée. Ces amitiés tendres étaient le fondement de son équilibre sentimental. Mais les passions ont illuminé sa vie. La plus surprenante est celle de Cordelia de Castellane. Elle a 27 ans, il en a 55. Il est pair de France. C'est elle qui décide de conquérir le célèbre écrivain. A son tour de s'enflammer. Leur aventure enivrée a duré neuf mois, dans une clandestinité absolue.

Par distraction, il s'abstient de voter une loi sur la conversion des rentes. Il perd son poste et sa pension mais se jette aussitôt dans une campagne contre sa destitution. Céleste n'en peut plus de la précarité dans laquelle il la fait vivre et quitte le domicile conjugal. Elle reviendra, elle aime son grand homme de mari.

L'année d'avant il était nommé ambassadeur à Londres. Le poste est brillant, honorifique. Il tient son rang, reçoit à dîner, donne un bal. Mais il n'est pas heureux au centre d'une société frivole et se remet à ses Mémoires. Il sera quand même nommé Ministre des Affaires étrangères par Louis XVIII.

Victor Hugo lui demande une interview, lui qui s'est juré d'être « Chateaubriand ou rien ».

Avant encore, c'était sa première ambassade, à Berlin. Une belle ville au charme pastoral. La consigne était de ne rien faire, il ne s'en est pas privé. Quelques visites de bon voisinage, pour rassurer et consolider l'entente entre les deux pays. A chacun de ses retours, il tombait dans les bras ravissants de Madame Récamier, tremblante de bonheur. Il l'avait connue il y a bien longtemps, chez son amie Madame de Staël mais n'était devenu son amant que lorsqu'à quarante ans, inquiète de sa beauté, elle avait voulu se prouver son pouvoir sur les hommes. Sa taille était encore bien faite, ses yeux doux et expressifs, la bouche prompte à sourire. Elle restait l'enchanteresse tout en étant l'épouse du banquier Récamier et présidait à de nombreuses et prestigieuses réceptions. Chateaubriand et elle échangèrent, au soir du 28 mai 1817, un long regard d'amour qui scella leur entente. Peu après, Juliette trouvait un acquéreur pour la maison de La Vallée-aux-Loups et s'y installait en locataire. L'ancien propriétaire l'y rejoignait souvent.

Madame de Chateaubriand, de son côté, créait une maison de retraite pour les vieux prêtres, qu'elle baptisait Infirmerie Sainte Thérèse. Au mari de régler les factures, ce qu'il fait de mauvais gré pour apaiser sa conscience.

A la Vallée-aux-Loups il a passé neuf années, soignant ses arbres, faisant venir mille essences d'Amérique. Ce sont peut-être les plus belles années de sa vie. Il est heureux en écrivant dans la Tour Velleda, au milieu du parc, dans une solitude relative. Il y commence ses Mémoires, sa grande œuvre, dont il veut déjà qu'elle soit posthume car il pense beaucoup à la mort. Les deuils de sa famille l'ont éprouvé.

Malgré cette semi-retraite, il assiste à la dissolution de la Chambre des Députés par Louis XVIII et riposte avec une protestation rageuse qui cause sa perte en lui retirant sa pension et son titre. Dès l'âge de cinquante ans il est perclus de rhumatismes et d'arthrose, ce sera son calvaire jusqu'à la fin.

La propriété de la Vallée-aux-Loups, il l'avait achetée en revenant de son long voyage en Orient. Napoléon lui faisait grise mine et il rêvait alors d'un coin sauvage où vivre en autarcie. Ce n'était qu'une « maison de jardinier », comme il la décrit, en réalité une petite demeure charmante qu'il améliore en y plantant un escalier de bateau à double révolution et des colonnes de marbre noir. Elle devient une gentilhommière où Céleste de Chateaubriand reçoit sa petite société.

Lui ne manque pas de recevoir la sienne, les « Madames « qu'il n'a jamais cessé de voir. Natalie de Noailles vient l'y surprendre pour des élans passionnés. C'est une charmante garçonne, elle sait chanter, peindre, dessiner. Elle a de l'imagination et de la grâce. Il a rompu avec Madame de Custine et malgré Natalie, était parti seul pour l'Orient, juste suivi de Joseph, son factotum. Il va, rempli de méfiance pour les usages et coutumes qu'il rencontre, en Grèce, en Turquie, en Judée. Il prend des notes pour son *Itinéraire de Paris à Jérusalem*. Il retrouve Natalie sur la route de Madrid, au retour, ce sont des heures enchantées. Dans un décor mauresque, ils vivent un bonheur intense. Lorsqu'ils se quittent à Bayonne, il est devenu un homme inestimable, un grand voyageur chargé d'expérience et de connaissances.

Le 28 mai 1804, Napoléon fait exécuter le duc d'Enghien dans les fossés de Vincennes. Ce crime brouille à jamais Chateaubriand avec l'Empire. Il envoie sa démission au lendemain de l'exécution. C'est un acte de courage et de témérité. Il se coupe de ses seuls moyens d'existence.

Il a toujours méprisé l'argent. Il en eu beaucoup lorsque le

Génie du Christianisme a été publié en 1802. Le livre tombait à pic : Napoléon venait de faire ratifier le Concordat avec le pape. Le catholicisme était rétabli. Le succès tombait du ciel.

Chateaubriand est certes un contre-révolutionnaire mais il est partisan de la voie légale. Il apprécie ce qu'il appelle « le nivellement naturel de tous les rangs et l'égalité des esprits qui rend la société française incomparable ». Son succès a un effet inattendu sur sa femme Céleste, jusque-là confinée en Bretagne et avec laquelle il n'a toujours eu qu'un rapport lointain. Elle s'annonce à Paris pour s'installer avec lui. Cette menace l'oblige à engager un long déplacement en province puis à accepter un consulat à Rome. Il est alors l'amant de Pauline de Beaumont qui souffre de la poitrine. Elle va le rejoindre à Rome pour mourir dans ses bras et il lui érige un tombeau. Mais en amour il n'est jamais en reste, les femmes s'offrent à lui. Il devient l'amant de Delphine de Custine qui est rieuse et riche, de surcroît. Elle a de beaux cheveux blonds et fait de la peinture.

Le 18 Brumaire, il était encore à Londres, parmi les émigrés. Il y a passé 8 ans. Il y a appris la mort de sa mère, dans les prisons de la Révolution, et celle d'une de ses sœurs. Autour de lui, on songe déjà à regagner Paris. Il revient lui aussi sous un faux nom et se loge à proximité de son ami et mentor Fontanes, qui dirige la nouvelle revue *Le Mercure de France*. Comme toujours à court d'argent, il publie *Atala*. C'est un long poème en prose où deux amants marchent et causent dans la solitude de la nature. Ce sera le début de sa notoriété. Il obtient sa radiation de la liste des émigrés.

A Londres il avait publié son premier livre, un *Essai sur les Révolutions* qui a été accueilli dans l'indifférence. Il s'est remis à son manuscrit des *Sauvages* tiré de son voyage en Amérique. Le livre deviendra bientôt *Les Natchez* C'est l'histoire navrante de la guerre entre les tribus indiennes et l'épopée désespérée d'un guerrier blanc, René. Le livre reflète le pessimisme de son auteur, jeune homme exilé et écrivain mal compris. Cette mélancolie l'a tenu toute sa jeunesse et le poursuivra longtemps. Son état de cadet faisait de lui un bon à rien, méprisé de son père. Il ne songeait alors qu'à partir pour l'Amérique.

Par des proches de la famille, il a accès au vieux Magistrat Malesherbes qui va changer le cours de sa vie. Ensemble ils regardent les cartes. Pour un cadet peu argenté, c'est l'occasion de faire fortune.

Le 5 avril 1791 il s'embarque pour une traversée de trois mois. Comme Ulysse il se fait attacher au mât du vaisseau pour vivre les tempêtes et les décrire. Il est trempé mais ravi. Ils font escale à Saint Pierre et Miquelon puis touchent le sol américain dans la baie de Chesapeake. Philadelphie, New-York, Albany, escales agréables mais François ne cherche que le contact avec les Indiens. Il veut trouver la vie sauvage. Il rencontre des Iroquois aux chutes du Niagara et fraternise avec eux.

Au cours d'une nuit mémorable de pleine lune il éprouve un tel sentiment de bonheur qu'il se sent obligé de le partager avec le papier. Le voilà devenu écrivain, avec ivresse. Il n'avait jusque-là qu'esquissé quelques poèmes publiés, à sa grande surprise, dans une revue pastorale. Son voyage se poursuit à travers des territoires à peu près inconnus, peuplés d'Indiens. Son retour sera, lui aussi, empli de bonheur dans cette fin d'été américaine au charme puissant.

Aussitôt revenu en Bretagne il épouse Céleste de Lavigne, une amie de son amie Lucile. Un mariage arrangé car il n'a plus le sou mais cette union se révèle décevante. Les avantages financiers sont minimes et la fiancée est morose. Les versions latines, Virgile, Tibulle, Horace, ont eu sur lui des effets troublants mais la religion catholique les a revêtus d'une chape de plomb et a recouvert ses premiers émois d'une culpabilité intense. Cette censure qu'il intériorise pèsera sur toute sa vie sexuelle.

A l'âge de sept ans, il était déjà abandonné à lui-même, devenait un révolté, se battait avec le voisinage, rentrait les bas troués, les habits déchirés. Quand la famille s'est installée au château de Combourg, ce fut pire. Ce vieux château féodal aux tours sinistres hantait ses nuits. Il dormait dans l'une d'elles, assaillie de fantômes. Toute la nuit il tentait de maîtriser ses peurs. Sa chambre heureusement disposait escalier particulier d'où il pouvait s'évader dans le parc.

Les paysans alentour ressemblaient à des sauvages, avec leurs cheveux longs et leurs casaques de peaux de biques. La mère de François passait ses journées en prière dans la chapelle du château et le père, à la chasse. François se lie avec un garde-chasse qui lui apprend tous les secrets de la nature, les noms des plantes, les bêtes, les oiseaux.

Déjà, quand il était en nourrice à Plancoët, il grandissait au milieu des champs et des animaux. Sa mère l'avait voué à la Sainte Vierge, et l'habillait de bleu ciel et de blanc.

Chateaubriand est mort le 4 juillet 1848 à 8 heures du matin. Mais c'est le 19 juillet à Saint Malo, que se déroula la cérémonie des funérailles. Son corps sera transporté sur le rocher du Grand Bé, comme il l'a demandé. « Bé », en breton, signifie tombe.

Ainsi se termine la magistrale et passionnante biographie de Jean-Claude Berchet (Ed. Gallimard 2012).

Stendhal

1783 - 1842

Le 22 mars 1842, à 59 ans, Stendhal est frappé d'une nouvelle crise d'apoplexie qui le foudroie dans la rue des Capucines, en sortant de l'hôtel des Colonnades où il dînait avec Guizot. Il tombe sur le trottoir. Cette fois il pense que sa crise est mortelle. Tandis qu'on le transporte dans une boutique voisine, il revoit toute sa vie, en un éclair et à rebours.

Les premiers souvenirs qui lui viennent en tête ce sont ces cinquante-trois jours où il s'est enfermé avec son copiste pour dicter *La Chartreuse de Parme*. Il ne voulait pas être dérangé, il a fait dire à son portier de ne laisser entrer personne et il a dicté comme un furieux tous les chapitres de ce roman dont il sait qu'il sera le meilleur et le dernier de sa vie. Mêlant à son habitude la politique et l'amour il compose un chef-d'œuvre. Cinquante-trois jours seulement pour un roman qui était en gestation depuis quarante ans et deviendra, il en est sûr, immortel. Le héros, Fabrice, est partagé entre deux femmes et ne tombe amoureux qu'au second volume. L'histoire finira tragiquement comme toutes les histoires romantiques. Le livre obtiendra la consécration avec l'essai de soixante-dix pages que lui réserve Balzac dans *La Revue parisienne*. Jamais hommage n'a été autant rendu à un écrivain par un autre.

Bien que Consul à Civitavecchia, en Italie, Stendhal n'a jamais perdu le contact avec ses amis de France. Quelques années plus tôt, en 1833, il rencontrait à Lyon Musset accompagné de sa nouvelle muse, George Sand, en route pour Venise. Ils ont descendu le Rhône ensemble jusqu'à Marseille. Stendhal connaît bien Musset mais c'est la première fois qu'il se trouve en face de cette sombre jeune femme qu'est George. Il la trouve bizarre, et il sent qu'elle le trouve grotesque lorsqu'à l'auberge de Bourg Saint Andéol il se grise et exécute une danse avec ses grosses bottes fourrées. Les figures chorégraphiques tiennent de la performance de cirque. Le lendemain, en Avignon, pour le plaisir de choquer ses amis, il se moque d'un Christ ancien et l'apostrophe avec véhémence. Il s'amuse de la figure scandalisée des deux amoureux en partance pour la ville la plus romantique du monde.

Petite satisfaction avant de revenir à Civitavecchia qu'il déteste, dans ce désert administratif où il ne reçoit personne, n'est reçu par personne et s'ennuie en distribuant des coups de tampons et des formulaires. Il s'en échappe dès que possible.

Il se souvient aussi de l'année 1830, c'était une bonne année. Le 25 février il assiste à la première d'Hernani, c'est un événement, il y a là toute la nouvelle cohorte des amis d'Hugo. Bien qu'il se range parmi ceux-ci, son impression n'est pas favorable. L'alexandrin du poète, trop disloqué, ne passe pas. Il en a une indigestion.

C'est cette année-là aussi qu'est sorti en librairie *Le Rouge et le*

Noir. Julien Sorel, un jeune séminariste, s'arrache à son milieu d'origine mais, par dépit amoureux et tendances suicidaires, il se retrouve condamné à mort pour avoir tiré sur sa bienfaitrice. Une peinture de mœurs qui illustre les complexités de la vie, de l'Histoire et du cœur. Le livre se vend bien, il est beaucoup lu et avec passion, c'est un roman qui dérange et fascine.

Mais le moment le plus important de l'année, c'est d'avoir revu Giulia Rineri, une Siennoise qui montait à Paris trois ans plus tôt avec son tuteur. L'amour de Stendhal avait couvé tout ce temps-là et quand il la retrouve, elle a vingt-neuf ans, lui quarante -sept, elle se jette à sa tête. « Je sais que tu es vieux et laid » lui a-t-elle dit tout en l'embrassant. De chasseur, il était devenu gibier, pour la première fois de sa vie. Il est transporté de joie, leur amour durera jusqu'au bout et se changera en belle et solide tendresse. Pour Stendhal l'amour a toujours tenu la première place. Il lui a même consacré un livre, *De l'amour,* qui n'a pas même été vendu à quarante exemplaires. C'était un désastre. Le mot « Cristallisation » n'est pas passé.

Stendhal se souvient qu'il en avait eu l'idée en descendant, douze années plus tôt, dans les mines de sel de Hallein, près de Salzbourg. C'est là qu'il a eu la révélation de la cristallisation du rameau nu, étincelant de paillettes féériques, qui est comme la naissance de l'amour, lorsque le désir magnifie de ses chatoyantes chimères la pauvreté objective de son objet. L'amour comme foyer spirituel, source d'énergie et justification de l'être au monde. Mais le propos de Stendhal n'a pas été compris.

Nullement découragé, mais bientôt écœuré par le mauvais accueil que font les Parisiens à une troupe d'acteurs anglais qui jouent leur plus grand poète, Stendhal publie une brochure « *Racine et Shakespeare* » où il rend justice au grand homme. C'est le premier manifeste du romantisme, qui ne recueille guère d'écho.

Il passe en revue ses amours perdues et va consoler son cœur blessé en écoutant La Pasta, la fameuse cantatrice du Théâtre italien. Il a même déménagé pour habiter au-dessus de chez elle, rue de Richelieu. Elle est entourée d'une petite cour extatique qui commente chaque soir ses prestations et la porte aux nues. La Pasta est simple et naturelle, très éloignée des caprices et des extravagances de son état. Leur amitié ne connaîtra aucune éclipse, elle viendra colmater les blessures causées par la sauvage Métilde, une Milanèse de 28 ans dont il est amoureux fou et qui, après trois ans de cour, ne lui a jamais rien accordé.

Peu d'années plus tôt, en amoureux de la péninsule, il faisait publier à compte d'auteur son *Histoire de la peinture en Italie,* sur laquelle il travaille depuis des années, ainsi que *Rome, Naples et Florence,* des livres pionniers qui n'auront pourtant qu'une faible audience.

Mais ces années auront été des années de paix, les premières depuis longtemps. Toute la jeunesse de Stendhal s'est écoulée sous la férule de l'Empereur Napoléon. Il l'a suivi dans ses campagnes, comme administrateur et fournisseur de l'armée. En 1813 il assistait à la bataille de Bautzen en Allemagne, en voyant fort bien tout ce qu'on peut voir dans une bataille, c'est à dire rien. C'est cela qu'il décrira plus tard dans la *Chartreuse,* l'audacieuse déconstruction de Waterloo.

Juste avant, c'était Moscou, un chaos de morts et d'incendies. En loques, le ventre creux, il a suivi la retraite, se bâtissant chaque soir la cabane de rondins où il passait la nuit, parmi les troupes dépenaillées. C'est grâce à lui pourtant que les soldats reçoivent le seul quignon de pain qu'ils ont à se mettre sous la dent. Le 27 novembre 1812, en plein milieu de la déroute, il se rase au bord de la Bérézina, toujours attentif à sa personne. L'anecdote fait le tour de l'armée et, bientôt, de Paris. Il n'est pourtant pas destiné à être militaire. A vingt-six ans il était parvenu au poste d'auditeur au Conseil d'Etat, grâce à son oncle Daru. Il s'installait rue Neuve du Luxembourg dans un logis conforme à sa nouvelle dignité, simple, noble et frais, orné de charmantes gravures. Le portrait de Mozart, acheté à Vienne, et le Bain de Léa, du Corrège. Sa vie mondaine devenait alors extravagante, il avait trois soirées par soirée, il se saoulait de musique mais sous la fête, c'était un cœur désaffecté, il n'aimait pas et n'était pas aimé.

Cet amour qui lui manquait, cet amour après lequel il courra toute sa vie, c'est celui de sa mère qu'il n'a pas eu. Elle est morte quand il avait sept ans. Il aura désormais un terrible compte à régler avec Dieu. Il ne pleure pas, il est plein de colère. Il se met à haïr son père, qui devient son ennemi le plus proche. C'est une haine qu'il cuit et recuit, condamné qu'ils sont à vivre ensemble comme deux chats sauvages enfermés dans le même sac.

Il est livré aux mains d'un Jésuite, l'Abbé Raillane, chargé de l'émasculer en douceur. Il le hait autant que son père et il se met à haïr la religion au nom de laquelle deux êtres le tyrannisent. Un jour de l'année 1793, vers sept heures du soir, il fait mine de travailler dans le cabinet de son père mais lit sous cape *Les mémoires de l'Abbé Prévost*, livre défendu. Il s'appelle encore Henri Beyle et entend dans la rue la voiture du Courrier de Lyon qui apporte les journaux. Son père sort en hâte pour revenir blême. «C'en est fait, dit-il, ils l'ont assassiné ». C'est de Louis XVI qu'il s'agit. Henri a dix ans. Il est saisi de bonheur, c'est l'un des plus vifs souvenirs de joie de toute sa vie, le premier peut-être de toute son enfance. Mais c'est aussi l'année de la mort de Lambert, un valet de chambre qui était devenu son ami, le seul ami qu'il ait dans la maison. Il a fait une chute en cueillant des lauriers et il est mort après trois jours de souffrance, soigné en vain par Henri. Celui-ci se souviendra toujours de ce deuil.

Ensuite, il a fait des études de mathématiques avec Monsieur Gros, un professeur qu'il admire. Piètre mathématicien mais adepte d'un langage qui lui servira à décrypter le monde. Il mettra les caractères en binômes, la vie du cœur en équations et les passions en formules algébriques. Il mènera parallèlement des études de lettres, plus gratifiantes. Mais son seul but est de fuir Grenoble, de monter à Paris.

La plus ancienne image de sa vie : il a trois ans, il ramasse des marguerites dans un pré. Il rencontre sa cousine, Marie-Louise. « Embrasse-moi », dit-elle. Il mord dans ce fruit appétissant. La gamine crie, on emporte le petit diable. C'est son premier attentat, et son premier souvenir. Il n'embrassera que qui il voudra.

Stendhal est mort le 23 mars 1842 sans avoir repris connaissance. Il est enterré au cimetière de Montmartre. La belle biographie de Philippe Berthier (Ed. De Fallois 2010) retrace un parcours qui avait une fois pour toutes pris le parti de la liberté, donc le chemin de la solitude.

Victor Hugo

1802 – 1885

Le jeudi 21 mai 1885, Victor Hugo, atteint d'une congestion pulmonaire, au lit depuis le début de la semaine, fait appeler ses petits-enfants. Il sait qu'il va bientôt mourir.

– Mes enfants, mes bien-aimés, aimez-moi ! Adieu, Jeanne...

Lorsque les jeunes, un peu terrorisés, sortent de la chambre, il se laisse aller à ses souvenirs. Il revoit sa vie, longue et intranquille, en un éclair et à rebours. Il s'attarde sur les grands moments, revient sur les instants émouvants.

La dernière fois qu'il a vu Juliette, c'était deux ans auparavant, elle se mourait d'un cancer de l'estomac. Il lui a dédicacé une photo de lui, avec ces mots : « 50 ans d'amour, c'est le plus beau mariage ». Il a été brisé par sa mort.

Plus loin, en 1881, il a 80 ans, on lui fait un anniversaire national. Il n'en revient pas : 600.000 personnes ont défilé devant son balcon, 600.000 ! En juillet les employés municipaux sont venus changer les plaques de sa rue. L'avenue d'Eylau est devenue l'avenue Victor-Hugo. Il était le premier homme de lettres qui vivait dans une rue à son nom, ses amis lui écrivaient : Monsieur Victor Hugo, en son avenue...

Mais le vieil Hugo gardait l'allure d'un jeune homme, il sautait du lit dans ses sous-vêtements rouges, brossait ses dents intactes, lissait sa barbe blanche et dressait délicatement ses moustaches, passait un foulard de soie blanche dans l'encolure d'une chemise de toile, revêtait des habits de drap noir. En se cachant de Juliette, il allait « aux femmes » au Bois de Boulogne.

Parfois Paris était trop agité pour lui et il partait pour Guernesey pour travailler. Il se mettait à la rédaction de *Quatre-vingt-treize,* entouré de ses petits-enfants et de Blanche, son nouvel amour de vingt-deux ans. Avec elle, il marchait dans les sentiers de l'île, ils s'attardaient sur les grèves, ils se cachaient pour s'embrasser derrière les genêts. Scandale, très vite étouffé. Mais Juliette a chassé Blanche.

En 1870, c'était la guerre, déclarée par la France à la Prusse. Hugo veut s'engager mais ses fils l'en détournent. Malheur, c'est la défaite de Sedan, mais, victoire, c'est aussi la chute de l'Empire, enfin ! Napoléon III, son ennemi, Napoléon le Petit, est chassé de France. Il attend cet événement depuis dix-neuf ans. Dix-neuf ans d'exil !

Hugo prend le train pour Paris avec Juliette. Une foule l'attend à la gare. On lui offre le pouvoir. Il refuse. Les membres du nouveau gouvernement provisoire, Léon Gambetta, Jules Ferry, viennent le consulter à tout moment. Un armistice est signé, en attendant l'élection d'une nouvelle Assemblée. Victor Hugo est l'un des trois premiers députés élus, mais la Chambre est hostile, on ne l'écoute plus. Il démissionne. Thiers, chef du pouvoir exécutif, veut faire reprendre par la force les canons parqués à Montmartre. Paris se soulève, c'est la Commune. La Semaine sanglante, des milliers de morts et de déportés. Hugo intervient pour sauver au moins Rochefort, le pamphlétaire du journal *La Lanterne,* Thiers lui fait des promesses mais malgré cela il sera envoyé en Nouvelle Calédonie et rejoindra Louise Michel, puis s'évadera plus tard.

A Paris on a repris *Ruy Blas,* avec la très belle Sarah Bernhardt et c'est le début d'une idylle entre le vieil homme de soixante-dix ans et la merveilleuse actrice. Mais les femmes passent, Marie Garreau, Judith Gautier, la fille du poète, d'autres femmes, il y a toujours eu des femmes autour de lui, même dans l'île de Guernesey.

Adèle est morte d'une attaque d'apoplexie en 1868 à Bruxelles, dans les bras de Victor, éperdu. Il est rentré à Hauteville House, triste et solitaire. Pas tout à fait solitaire, il dîne avec Juliette tous les soirs dans la maison de Féérie House, qu'il a décorée lui-même. Pas un instant il n'envisage le remariage avec elle. Les cases sont fixées, une fois pour toutes. Les principes bourgeois sont plus forts que l'amour.

La grande maison, avec le « lock-out » qu'il a construit en haut, est vide. Il travaille. Que faire d'autre ?

Les Misérables sont publiés en 1862. C'est un triomphe. De son île il entend les trompettes de la renommée, dans le monde entier. Presque en même temps c'était le livre d'Adèle qui sortait : *Victor Hugo raconté par un témoin de sa vie,* un livre tout à sa gloire. Il est ravi de ce doublé. Il se « repose » en publiant *Les chansons des rues et des bois,* un délicieux recueil de poèmes légers et parfois gaillard.

Mais Adèle, depuis longtemps, n'en peut plus de l'exil. Elle voit sa fille Adèle II dépérir aussi. Elle quitte Hauteville House pour lui « trouver un mari ». Hugo souffre d'un anthrax qui met sa vie en danger, elle revient pour le soigner, puis repart, irrésistiblement. Napoléon III est allé guerroyer en Italie, il est victorieux, Solferino, Magenta. Triomphant, il décrète une amnistie générale et sans conditions pour les proscrits. Hugo pourrait rentrer en France mais il refuse. Il ne reviendra que lorsque son ennemi aura laissé sa place. Sa renommée grandit. Il devient un héros légendaire, en France et partout ailleurs.

L'exil est long, cependant. Il en souffre. A Guernesey, il possède enfin une maison à lui, Hauteville House, il l'arrange et la décore à sa façon. Il aime les rues étroites de l'île, ses vagues énormes, le port tout petit, la vue sur la mer. Juliette vit à deux pas de lui, dans un décor chinois inventé pour elle par son « Toto ».

Le 2 décembre 1851 c'était le Coup d'Etat criminel qui l'avait chassé de Paris. L'armée était dans la rue. Hugo appelait aux barricades mais Paris ne bougeait plus. Hugo se démène, ameute ses amis. Juliette s'active elle aussi pour lui trouver un abri. Il ne peut pas rentrer chez lui, sa maison est cernée. Sa tête est mise à prix. Juliette organise sa fuite à Bruxelles, elle le sauve. Il se cache sur la Grand-Place dans un trois pièces qu'il installe à la hâte. Le salon est orné d'un grand plat de cuivre repoussé et de deux fauteuils de cuir anciens. Le logis est plein de poésie sur cette Place des Corporations qu'il admire. Il y fête ses cinquante ans. Juliette habite non loin dans une maison dont elle ne sort jamais, les conventions sont sauves. Victor Hugo écrit *Napoléon le Petit,* un pamphlet séditieux qui le fait exulter de joie mais l'expulse de Belgique et le conduit dans l'île anglo-normande de Jersey. Il y restera trois ans et y écrira *Les Châtiments,* publiés à Bruxelles à compte d'auteur. Entraîné par Delphine Gay, la femme d'Emile de Girardin, directeur de *La Presse,* Il fait tourner les tables pour entrer en contact avec les morts, sa morte surtout, sa fille Léopoldine, arrachée à lui par une noyade à Villequier. Les messages de la table, qu'il appelle « La bouche d'ombre » ont duré deux ans.

Avant le 2 décembre, il était déjà un poète et un écrivain complet et respecté, et même tenté par la vie publique. En 1848 le pouvoir avait interdit un banquet organisé par l'opposition. Dès lors c'était l'insurrection. La Chambre était dissoute, le roi Louis Philippe abdiquait, Hugo ne croyait pas que le temps de la

République était venu mais pourtant il se présentait déjà à l'Assemblée et était élu avec 86.965 voix. Tout ému il gravit les sept marches de velours fleuri qui mènent au pupitre encadré de deux lampes. Sa voix s'élève en faveur des miséreux, il parle pour la paix mais Paris continue à s'armer et à construire des barricades. L'appartement de la rue Royale, qu'il habite alors, est brûlé en partie. Il déménage pour s'installer à Montmartre avec ses trois femmes.

Trois femmes, oui, Victor Hugo, déjà bigame, est devenu trigame en rencontrant Léonie Biard. Il est ébloui par la blonde ravissante qui sera l'amour le plus fougueux de sa vie. Il sera assez imprudent pour se faire prendre en flagrant délit d'adultère, lui, l'académicien français et pair de France. C'est le mari, Monsieur Biard, qui a fait intervenir la force publique :

- Ouvrez ! Au nom de la loi !

Son statut le rend inviolable mais Léonie est envoyée à la prison Saint Lazare. Scandale ! Tout Paris en parle sous le manteau. Victor se redresse et par un effort de caractère, se jette dans l'écriture. Il met la première main aux *Misérables.* Lui aussi est devenu un paria, il écrit pour tous les parias de la terre, les pauvres, les exclus.

Cinq ans plus tôt, la Comédie Française montait pour la première fois *Ruy Blas,* une pièce toujours inspirée de l'Espagne. Hugo voulait donner le rôle de la Reine à Juliette mais Adèle veillait au grain. Elle écrit une lettre indigne à Anthénor Joly, le Directeur, pour dénoncer sa rivale. Le rôle s'en va à une autre. Juliette est une actrice charmante que Victor Hugo a rencontrée en 1833, lors d'une lecture à la Comédie française. Adèle était alors amoureuse de Sainte-Beuve, son meilleur ami. Elle se refusait à lui. Victor a écrit : « en 1802, je suis né à la vie, en 1833, je suis né au bonheur ». Il l'aimera pendant cinquante ans. C'est surtout son corps qu'il aime, ce corps merveilleux aux épaules admirables, à la taille charmante, au plus joli cou qu'il ait jamais vu. C'est aussi la reconnaissance pour cette admiration sincère que Juliette témoigne pour son œuvre. Elle aime ses vers, les recopie sans cesse. Adèle n'a jamais eu que de l'indifférence pour ses écritures. De plus, Juliette est une femme d'esprit, elle écrit tous les jours à son Toto avec une spontanéité charmante. Il y aura des milliers de lettres.

Hugo le bigame qui n'a que trente-trois ans, célèbre, dans son volume *Les chants du crépuscule », t*our à tour les charmes de ses deux femmes, sans rien céder de l'une à l'autre. Sainte Beuve en fait une terrible crise de jalousie.

1830, l'année de la plus grande bataille de sa vie, celle d'*Hernani*. Il présente une pièce à la censure, *Marion Delorme,* qui est refusée parce qu'elle égratigne Louis XIII. Il écrit alors en un mois un drame espagnol *Hernani,* inspiré du voyage de sa jeunesse. La pièce est acceptée par les Comédiens Français mais Victor Hugo sait déjà qu'il va à la bataille. Il refuse la claque payée et complaisante et recrute ses propres troupes de soutien, parmi les artistes, les poètes, peintres, architectes, tous chevelus, hirsutes, bagarreurs. Le jour de la première, ce sont eux qu'on entend, ils soutiennent chaque vers, ils gagnent, c'est un succès. Hugo se souvient du scandale des loges souillées d'urine, du gilet rouge de Théophile Gautier, des perruques des classiques, des insultes de la salle. Les critiques sont féroces, tout est à recommencer le deuxième soir puis les soirs suivants. Pendant quarante-cinq représentations c'est l'empoignade. C'est aussi le triomphe. Tout le monde veut voir *Hernani*, on s'arrache les billets, on aime se faire insulter, on s'insulte. Les dames rient mais les menaces de mort pleuvent sur Hugo. La bataille le galvanise, il se lance dans les écrits politiques. « La liberté dans l'art est fille de la liberté politique », écrit-il.

Mais le 25 juillet de la même année le roi Charles X signe les trois ordonnances qui vont causer sa chute. Pendant trois jours, les *Trois Glorieuses,* s'élèvent les barricades. Les Bourbons disparaissent de l'Histoire. Hugo, le jeune poète légitimiste se rallie à la République et publie *Notre Dame de Paris.* Un appartement s'est libéré sur la Place Royale, un temps appelée Place des Vosges pendant la Révolution. Victor s'y précipite, s'installe. Les pièces sont grandes et hautes de plafond, il les fait tendre de damas rouge. Dans la cuisine il dispose des carreaux de Delft, il court les brocanteurs et achète pour trois sous des assiettes et des plats fêlés qu'il met aux murs, en même temps que les peintures de Deveria et de Boulanger. C'est « Royal » dira Dumas. Le théâtre est devenu la principale source de revenus de Hugo.

Déjà en 1826 il voulait rencontrer Talma, le plus grand acteur de son temps, le maître du Théâtre français. Convaincu par lui, il se lançait dans l'écriture de *Cromwell,* un héros à la manière de Shakespeare. Mais Talma meurt avant qu'il ait pu terminer la pièce, sans lui, elle est injouable. Peu importe, Victor est sur sa lancée, il la publie en la faisant précéder d'une préface dont la fougue, le brillant, la force de conviction font un manifeste. Cette préface devient le drapeau du Romantisme. Toute une génération a le sentiment de naître après la Préface de *Cromwell,* le ton profanateur, les appels à la liberté sont entendus de la jeunesse.

Victor Hugo a vingt-cinq ans, et il est devenu un chef d'école. Du coup la famille a déménagé pour s'installer rue Notre-Dame-des-Champs dans une maison avec un jardin qui dispose d'une pièce d'eau, d'un pont de bois, et, au bout d'une pelouse, un gros mur percé d'une porte sur le Luxembourg. C'est là que Victor, pas embourgeoisé du tout, écrit *Le dernier jour d'un condamné à mort,* un plaidoyer contre la peine de mort. Dès 1822, aux Assises du Palais de Justice de Paris, il avait assisté au procès de quatre jeunes gens accusés d'avoir voulu soulever leur régiment pour chasser les Bourbons. Ils sont si jeunes, Victor Hugo a tremblé pour eux. Ils ont été exécutés tous les quatre.

La même année Hugo a épousé Adèle, le 12 octobre. La nuit de noces a lieu à l'Hôtel de Toulouse. Ils sont vierges tous les deux.

Tout au long de la nuit, Victor assaille sa jeune femme. Neuf fois ! Adèle tombe évanouie au petit matin. Elle ne s'en remettra jamais. Mais bientôt c'est la naissance du petit Léopold Hugo. Hélas, le bébé ne vivra pas et Victor se replonge dans la poésie. Il va chez Nodier, à la Bibliothèque de l'Arsenal, pour participer aux soirées poétiques qui s'y donnent. Dans le salon aux lambris blancs, Nodier, le plus élégant des conteurs, s'appuie contre la cheminée et entreprend ses récits. Hugo et Lamartine disent leurs vers tandis que Marie Nodier, la fille de la maison, joue du piano. On danse, on prépare paisiblement la grande bataille qui s'annonce, celle du Romantisme contre les Classiques. Victor n'y prendra part que tardivement, après Stendhal et Emile Deschamps, mais quand il y entrera, ce sera pour la victoire.

Plus loin, très loin dans la mémoire du vieux Victor, c'est la mort de Sophie, sa mère, emportée par une fluxion de poitrine. Avec elle s'en allait le peu d'aisance qui restait dans la maison. Ils étaient pauvres, son frère et lui devenaient misérables, obligés de dormir à deux dans une mansarde. Ce qui illumine sa vie, c'est déjà Adèle, elle a 16 ans. Elle est très jolie, avec ses cheveux relevés, ses grands yeux bruns, ses oreilles adorables. Pour elle, il fait des vers, il obtient ses premières récompenses. Et des prix, sonnants et trébuchants. Il écrit aussi un roman, *Han d'Islande,* qui est remarqué par la critique. Chateaubriand parle de lui comme « l'enfant sublime », lui qui voulait déjà « être Chateaubriand ou rien ».

Son enfance, il ne peut l'oublier, tiraillé entre une mère possessive qu'il adore et un père général qu'il vénère. Leurs séparations, leurs disputes. Il se souviendra toujours du voyage en Espagne, interminable, pour retrouver ce père, ainsi que celui qu'il avait fait en Italie, pour les mêmes raisons. A chaque fois c'est l'angoisse des retrouvailles mais la curiosité des nouveaux paysages, Et, pour finir, le divorce des parents. Il a toujours préféré se taire, sur ces périodes trop sombres.

Son premier souvenir, c'est une cour, avec un puits. Près du puits, un saule dont les branches tombent jusqu'à terre. Il a cinq ans.

Victor Hugo est mort le vendredi 22 mai 1885 à 1 heure 27 de l'après-midi. Comme il l'a demandé, il sera transporté dans le corbillard des pauvres mais d'abord sous l'Arc de triomphe, où son corps sera exposé. Deux millions de personnes viendront s'y recueillir. Puis il ira directement au Panthéon, où il repose encore. C'est Alain Decaux qui raconte merveilleusement sa vie dans une biographie jamais égalée. (Perrin 1984).

George Sand

1804 – 1876

Le matin du 16 juin 1876, George Sand fait venir ses petites filles dans sa chambre à Nohant et les embrasse en leur disant : « Soyez bien sages ». Elle souffre d'une soif inextinguible et de ce que l'on n'appelle pas encore une occlusion intestinale. Elle n'aime pas sa maladie, qu'elle trouve honteuse, et appelle la mort. Aussitôt les enfants partis, elle ferme les yeux et se laisse aller en arrière sur les oreillers. C'est alors qu'elle revoit toute sa vie devant elle, en un éclair et à rebours.

Depuis plusieurs années elle est devenue « La bonne dame de Nohant », pour les gens de La Châtre, la ville voisine, où elle compte beaucoup d'amis. Elle soigne les enfants du village, célèbre tous les anniversaires, se baigne dans l'Indre, joue à cache-cache avec les petits. Mais elle n'a pas toujours été cette sage grand-mère, loin de là. Oui, elle avait le sang chaud, oui, elle aimait tenir un homme dans ses bras, comme un enfant. On lui prête beaucoup d'amants, bien plus qu'elle n'en a eus, et elle en a eu beaucoup. Pourtant elle sait qu'elle est aussi capable de fidélité. Pendant quinze ans, mis à part le gros Marchal, qui la faisait rire, elle a été fidèle à Alexandre Manceau. C'est un artiste peintre qui expose chaque année ses gravures au Salon. Né dans un milieu pauvre, il est intelligent et travailleur. Elle lui est reconnaissante d'avoir pris à bras le corps le travail de Nohant et mis en valeur la propriété. Il aime George et s'enchante d'être aimé d'elle, il ne manque jamais d'attentions à son égard. Avec lui, George est heureuse, plus qu'elle ne l'a jamais été.

Les années ont passé, tranquilles. George a pris sa petite-fille Nini avec elle à Nohant, et pour elle, a recréé son enfance, le bosquet de Bacchus, la grotte de Trianon. Jardinage, ouvrages, couture et broderie. La nuit aux écritures. George sort un roman par an, il y en aura quarante en tout.

En 1863 pourtant, la mésentente de Maurice, son fils, avec Manceau s'est aggravée. George a dû laisser Nohant à Maurice et s'installer à Palaiseau avec son amant. La vie douce a continué dans cette villa entourée d'arbres, avec son petit jardin fleuri; sa vue sur l'étang, jusqu'à la mort de Manceau, qui a été une épreuve assumée.

Auparavant elle avait toujours alterné ses séjours dans son manoir et les mois passés à Paris pour rejoindre ses amis et participer aux grands événements de la vie française. En 1848 l'opposition au régime de Louis Philippe s'exprime par des banquets politiques monstres où la critique de Guizot constitue le mets principal. En supprimant le banquet du 22 février, le gouvernement déclenche la révolution. La foule marche sur la Concorde et le Palais Bourbon. Des barricades s'élèvent et deux femmes sont tuées par des coups de feu. Le lendemain l'agitation continue, les soldats tirent sur la foule. Cinquante-deux manifestants tombent. On crie Vive la République ! Louis Philippe abdique et Lamartine prend la tête du gouvernement provisoire de la Deuxième République française.

George Sand arrive à Paris le 1er mars, elle rejoint ses amis maintenant au gouvernement, Arago, Ledru-Rollin, Lamartine et Louis Blanc. Elle soutient ardemment la jeune république par ses articles dans le nouveau *Bulletin*. On l'appelle la Muse de la Révolution.

C'est le 4 mai qu'a lieu le fameux déjeuner des hommes de lettres, organisé par l'Anglais Milnes à l'occasion de la réunion de la nouvelle assemblée. Tocqueville y participe, ainsi que Vigny, Mérimée et Sand. George est alors au sommet de sa beauté, ses yeux noirs resplendissent, elle ne fait pas ses quarante-quatre ans. Mérimée lui offre un cigare, qu'elle accepte gracieusement, mais il n'ose pas lui parler. Tocqueville lui trouve un regard admirable, ils parlent du peuple de Paris. Sand revendique son socialisme, elle accepte même l'étiquette de communiste. Mais sa liberté et même sa vie sont menacées. Elle rentre à Nohant et, parce que les fonds sont bas, elle écrit *La petite Fadette* sa troisième « bergerie », après *La mare au diable* et *François le Champi*.

Chopin, elle l'a rencontré douze ans plus tôt, chez Liszt. Elle avait demandé à ce dernier de les présenter mais Chopin s'esquivait, il n'aime pas les bas bleus. Liszt alors amène George avec Marie d'Agoult à une soirée musicale chez Chopin. Elle l'écoute intensément. Il y a d'autres soirées chez Marie, George écoute toujours, vêtue de son costume turc et fumant sa pipe.

Elle travaille beaucoup, publie *Mauprat*, écrit pour Lamennais les *Lettres à Marcie;* elle met fin à une liaison avec Michel de Bourges, son avocat dans son procès avec son mari. Brèves amours avec le comédien Bocage, avec Mallefille, le précepteur de Maurice. Les difficultés financières exercent sur elle une pression constante, elle écrit chaque nuit, vingt pages d'un coup.

Elle fait toujours sa cour à Chopin, revient de Nohant pour le voir. Il cède à ses instances, en tremblant. Le 7 novembre 1838, ils s'embarquent pour Majorque à bord d'un bateau à vapeur. La nuit est tiède, la mer calme et lumineuse. Ils écoutent le timonier chanter un flamenco étrange. Le matin, la beauté du paysage les enchante, le soleil de l'Espagne est une bénédiction. Chopin exulte. Ils s'installent avec les enfants dans « La maison du vent » louée au Señor Gomez. George a l'impression d'avoir atteint la terre promise.

Hélas, vient la saison des pluies. La villa devient vraiment la maison des vents, les murs prennent l'eau. Il n'y a pas de cheminée, ils brûlent du charbon pour se réchauffer. Chopin se remet à tousser, il crache le sang. Les gens du village croient qu'ils ont la peste, le Señor Gomez les somme de quitter les lieux. Ils déménagent à vingt kilomètres au nord de Palma, dans un monastère presque abandonné, la Chartreuse de Valldemosa. George tient l'intendance et écrit la nuit, le jour elle cuisine pour Fréderic des repas sans huile d'olive. Elle fait travailler Solange et Maurice.

Mais l'hiver empire et la santé de Chopin aussi. Ils sont obligés de rentrer en France. Le voyage est pénible, Chopin tousse à en mourir et malgré cela, lui et George sortiront de l'épreuve encore plus unis. Pourtant, Chopin n'a jamais été un amant très chaud et la maladie n'arrange rien. .

George s'est d'abord installée au 16 rue Pigalle dans un pavillon au fond du jardin. Une salle à manger au mobilier de hêtre et un joli petit salon café au lait. Un piano magnifique tient la place d'honneur, c'est là qu'officie Chopin, qui occupe un autre pavillon dans le jardin. George s'engage dans une aventure politique qui déplaît à Buloz, son éditeur. Elle devient la porte-parole, non seulement des femmes, mais de tous les opprimés. Elle appelle à une « révolution morale ». Son œuvre maîtresse, le roman *Consuelo,* est publié par la Revue Indépendante; un roman libéral qui réussit à franchir la Russie tzariste pour apporter les idées socialistes aux jeunes révolutionnaires.

Trois ans plus tard George emménage avec Chopin dans le romantique Square d'Orléans où ils occupent deux appartements autour de la fontaine. Ils passent les étés à Nohant mais c'est bientôt la fin de la belle aventure. Solange, la fille de George, joue à la coquette avec Chopin qui tombe amoureux d'elle. Bientôt il quittera Nohant sans esprit de retour. George écrit mélancoliquement *Histoire de ma vie*.

C'était en 1833, l'une des années les plus belles de sa vie, que George avait rencontré Musset, à un dîner donné par Buloz, le Directeur de la *Revue des deux Mondes*. Musset avait vingt-deux ans, il resplendissait avec ses cheveux blonds, son pantalon bleu ciel, sa veste très ajustée au col de velours. Il était brillant et taquinait George sur son petit poignard serti de diamants qu'elle portait à la ceinture. Il lui promet un poème et elle, les épreuves de *Lelia*, le roman qu'elle est en train d'écrire. Le besoin d'aimer la dévore, et malgré cela, on l'accuse d'être frigide, alors qu'elle se laisse souvent gouverner par les sens.

Musset lui dit qu'il l'aime « comme un enfant » et elle en est bouleversée. Le 19 juillet, ils sont amants. Musset s'installe chez elle, Quai Malaquais. Ils passent leur temps à s'aimer, à dessiner, à faire de la musique et à jouer des tours aux voisins.

Le 12 décembre ils partent, seuls, pour l'Italie. Ils rencontrent Stendhal sur le bateau. George arbore un pantalon gris perle, des bottes de cuir de Russie et une casquette de velours. Elle n'a pas peur de choquer le romancier. Elle fume cigarette sur cigarette. Musset a le mal de mer. A Venise, à l'hôtel Danieli, George est victime d'une terrible diarrhée qui ôte tout romantisme à leur tête à tête d'amoureux. Musset l'abandonne aux soins d'un jeune médecin blond, Magello, et s'en va courir les belles vénitiennes. Quelques semaines plus tard George est guérie mais c'est Musset qui tombe malade. On rappelle Pagello. Musset les voit tous deux boire dans la même tasse, et c'est la scène de jalousie. Il presse George d'avouer une liaison qui n'existe pas encore. Magello et elle seront amants quelques jours plus tard. Ils feront ménage à trois jusqu'à la fin mars, quand Musset décide de rentrer à Paris.

George et Musset s'écrivent alors des lettres immortelles. Elle les publiera sous le titre de *Lettres d'un voyageur,* et les lui sublimera dans la *Confession d'un enfant du siècle.* Elle sait qu'ils sont unis à jamais par la littérature.

Aussitôt rentrée, George continue son procès contre son mari, Casimir Dudevant. Celui-ci la menace d'un fusil à la suite d'une altercation violente. Il tient très maladroitement ce fusil mais George a eu peur et elle saisit l'occasion pour se débarrasser de cet époux qu'elle n'a jamais aimé. Elle avait découvert un peu plus tôt, dans le secrétaire de Casimir, un paquet « à n'ouvrir qu'après ma mort ». Horreur ! C'est une liste de malédictions à son endroit, un réquisitoire, un catalogue de ses rancœurs, de ses mépris, le récit des prétendues malversations de son épouse. Aussitôt George, qui s'appelle encore Aurore, a averti Casimir de sa décision de vivre à Paris avec une pension, elle sera intraitable sur ce point.

Elle s'est installée avec Jules Sandeau, le fils d'un modeste précepteur de La Châtre, dans une mansarde du Quai des Grands Augustins, d'où l'on voit la Seine, les tours grises de Notre Dame et le splendide Pont Neuf construit trois siècles plus tôt.

La Révolution de Juillet libérait alors la France. Pour commencer Aurore veut s'habiller en écrivain. Elle se fait couper une longue redingote en drap gris, complète la tenue d'un gilet et d'un pantalon et relève ses cheveux sous un chapeau haut de forme. La touche finale : une cravate et des bottes fourrées qui la font ressembler à un étudiant de la Sorbonne. Ainsi habillée, elle passe partout, comme un homme, dans la rue, au théâtre, au musée. Elle a un seul but : écrire. Elle apporte dans ses bagages une lettre de recommandation pour un cousin, Henri de Latouche, polygraphe et Directeur du *Figaro*, une feuille politique et satirique de l'opposition. Il lui offre une colonne à sept francs.

Au mois d'avril elle rentre à Nohant et écrit avec Sandeau un roman, *Rose et Blanche*, qui sera signé J. Sand. Il paraît en décembre dans l'indifférence presque totale. Nullement découragée, elle entreprend, cette fois toute seule, un nouveau roman dont l'héroïne est une femme et qui a pour titre *Indiana*. Celui-ci paraît sous le nom d'auteur de G. Sand. Aurore pense déjà à George mais n'ose pas encore le parapher. Le livre est le récit d'une passion moderne, celle d'une femme qui aime à la fois son mari et son amant. C'est la condamnation du mariage, un thème déjà féministe. Le livre est salué par la critique.

La même année, 1833, année voluptueuse, George tombe passionnément amoureuse de Marie Dorval, la comédienne célèbre du théâtre de la Porte Saint Martin. Le soir, elle se glisse au théâtre, déguisée en homme, pour la voir jouer. Le menton appuyé à la chaise devant elle, les mains sur les genoux, elle ne perd pas un geste de Marie, la moindre palpitation de son sein. Les deux femmes se retrouvent dans la loge après le spectacle et ne se séparent qu'à l'aube, ivres encore de leurs rêves.

Les yeux fermés, appuyée sur ses oreillers, George revoit aussi une autre année. C'était en 1822, l'année de la naissance de Maurice, son fils. A la mort de sa grand-mère Dupin, George avait hérité de Nohant, le manoir de son enfance, sa maison chérie, mais elle était revenue habiter avec sa mère avec laquelle elle ne s'entendait pas. Un soir après le théâtre, elle prenait une glace chez Tortoni quand elle voit passer un jeune sous-lieutenant élégant, les cheveux noirs, le nez long et le visage en lame de couteau. Ses amis le lui présentent, c'est Casimir Dudevant, fils illégitime mais reconnu du Baron Dudevant et d'une servante. Il a vingt-sept ans, il n'est pas beau mais il a « des espérances », c'est un parti acceptable. Aurore en a dix-huit, c'est alors une jeune fille aux grands yeux noirs, les beaux cheveux très longs, très vive et intelligente. Ils se marient très rapidement mais George est peu sensible alors à l'amour physique. Casimir n'est ni plus ni moins maladroit qu'un autre, c'est dire qu'il ne connaît rien à l'amour. Il est autoritaire et Aurore ne le supporte pas. Aussitôt enceinte, elle met au monde un petit garçon, le plus beau moment de sa vie. En voyant le bébé endormi à côté d'elle, elle décide de l'allaiter. Elle devient mère sans avoir été amante.

Plus loin encore, plus loin dans sa jeunesse, c'est la mort de son père, et la grand-mère, Madame Dupin, qui prend en charge l'éducation de sa petite-fille. Toute une enfance déchirée et douloureuse, si douloureuse qu'à quatorze ans la petite Aurore se réfugie dans un monde imaginaire. Elle se crée un Dieu personnel, dans les fourrés de Nohant. Il s'appelle Corambé, il n'est ni homme ni femme mais pur et généreux, plus humain que Jésus, aussi humain qu'un dieu païen. Elle lui élève un autel, choisit des coquillages, suspend des guirlandes, des nids d'oiseaux et des fleurs. Toute une liturgie qu'elle invente, avant d'entrer au couvent des Augustines anglaises, à Paris, au Quartier Latin.

Là, elle fait partie des « diables » et se moque de ses compagnes « sages ». Elle se met bientôt à écrire son premier roman, lit la vie des saints, établit, comme Voltaire, une communication directe avec Dieu. Elle ne L'oubliera pas.

Son premier souvenir, c'est une image de guerre. A quatre ans, elle assiste à une revue des troupes de Napoléon. Elle le voit passer, pâle, le regard froid. Quand elle y pense, elle entend aussi le son aigu d'un flageolet, une flute à bec, qui se lève au loin.

George Sand est enterrée dans le petit cimetière familial, au fond du parc de Nohant. Chacun de ses amis tenait une branche de laurier à déposer sur sa tombe. Victor Hugo a envoyé un message élégiaque : « Je pleure une morte, mais je salue une immortelle... »

Joseph Barry la fait revivre, dans une belle biographie, *George Sand, ou le scandale de la liberté»,* Le Seuil, 1982, traduite de l'américain par Marie-France de Paloméra.

Emile Zola

1840 – 1902

A la fin de septembre 1902, Zola rentre à Paris après un long séjour à Médan. La maison est froide, humide. Jules, le domestique, allume des boulets dans la cheminée. Vers trois heures du matin, Zola se lève, incommodé et à moitié asphyxié par les émanations de la cheminée. Il a besoin d'air, il est oppressé. Un sentiment d'angoisse s'empare de lui, il pense qu'il va mourir. Avant de perdre connaissance, il revoit toute sa vie, en un éclair et à rebours.

Trois ans plus tôt, c'était enfin la fin du calvaire. L'exil à Londres avait duré un an, après le procès de l'affaire Dreyfus où il se voyait condamné à la prison. Il était enfin rentré, retrouvait Jeanne et les enfants, s'installait à Médan avec Alexandrine, sa femme. Les deux familles se reconstituaient autour de lui. Il photographiait Jeanne brodant un bouquet, lisant un livre, jouant de la mandoline, les cheveux dénoués ou coiffés d'un chapeau à voilette, un boa enroulé autour du cou. Mais il était brisé par toutes ses émotions, il se sentait vieux et désabusé. Le Président Loubet accordait la grâce à Dreyfus mais pas la réhabilitation.

Ce n'était qu'en 1897, trois ans après la condamnation du Capitaine, que « l'affaire » avait pris possession fiévreusement du cerveau de Zola. Au début il avait été convaincu, comme presque tout le monde, que l'officier était coupable. Celui-ci avait été dégradé, déporté à vie. Mais les amis de Dreyfus ont peu à peu dévoilé les vrais faits à Zola. Ils comptaient sur lui pour être un porte-parole dans la presse. La vérité faisait son chemin. Du coup, Zola ne tenait plus en place. Et tandis que la France bouillonnait, il publiait plusieurs articles contre les antisémites. L'injustice le haussait au-dessus de lui-même. Il brûlait de crier son indignation et, le 12 janvier 1898, *L'Aurore* publiait en première page son réquisitoire vengeur « J'ACCUSE ».

Après la publication, Zola rentre chez lui, apaisé et heureux. Il sait que son avenir sera bouleversé mais il s'est mis en règle avec sa conscience. Et en effet c'est un tollé dans la rue et dans les journaux. On crie « A mort, Zola ! » Le procès aura lieu. Dans la salle du Palais de Justice le vacarme s'amplifie, les témoins défilent, la foule est menaçante. Zola est condamné à un an de prison. Mais, loin de s'apaiser, les remous tournent au cyclone. Dreyfusards et antidreyfusards se déchirent. Il y a des duels à mort. Pourvoi en cassation, nouveau procès. L'avocat Labori a conseillé à Zola de partir à l'étranger. D'abord il refuse mais il sait qu'en changeant de pays il redeviendra maître de son destin. Il se résigne. Il prend le train à la Gare du Nord, direction Londres. Le voilà devenu un modeste exilé, sans toit, sans famille, sans nom, sans bagages. Au bout de quelques semaines cependant, il parviendra à faire venir Jeanne et les enfants, puis sa femme Alexandrine, à tour de rôle.

Cette double vie, cette double famille, il ne l'a pas souhaitée. Alexandrine avait engagé une jeune et jolie lingère, Jeanne, dont, très vite, Zola est tombé amoureux. Comme il ne veut pas se séparer de sa compagne de toujours, il installe sa maîtresse dans un appartement de la rue Saint Lazare. Il vit dans la clandestinité une fête des sens qu'il n'a jamais connue. Bientôt Jeanne est enceinte et Zola s'enorgueillit d'être père. Le voilà aussi obligé de mentir, de faire mentir ses amis, mis dans la confidence. Son travail est perturbé mais il ne trahit pas sa vocation de créateur au bord du berceau. Bientôt un deuxième poupon était venu compléter la famille.

Hélas, Alexandrine avait été prévenue par une lettre anonyme. Changée en furie, elle sommait Zola de rompre, il refuse. Alexandrine se précipite chez Jeanne, elle saisit un paquet de lettres, elle les brûle. L'affaire en restera là. Alexandrine veut rester la femme de Zola du moment que les apparences sont respectées. Zola se rejette dans son travail.

Depuis longtemps il sait qu'il y a deux personnages en lui, l'ambitieux qui brigue l'argent et les honneurs et l'homme sincère et généreux qui compatit avec la misère du peuple. Avec *Le Docteur Pascal* il a mis fin à la grande série des Rougon-Macquart. Il pourrait s'arrêter là, se coucher et mourir mais le désir de reconnaissance et l'ambition d'entrer à l'Académie gouvernent sa vie. Il écrit des œuvres de circonstance, faiblardes et sans relief, dans cet unique but. Les trois volumes des Evangiles, *Fécondité, Travail, Vérité,* n'obtiennent pourtant pas le résultat escompté. Il ne revêtira jamais l'habit vert. Il avoue à Jeanne qu'il n'est pas heureux. Alexandrine cependant se lasse de lutter contre sa rivale. Elle demande à voir les enfants et les emmène aux Tuileries tandis que Jeanne donne le bras à leur père. Cette étrange famille fait jaser tout Paris.

Du temps des Rougon-Macquart, chaque nouveau roman déclenchait en même temps le scandale et le succès; mais, avec

Germinal, Zola est aussi devenu un éveilleur de conscience.

En février 1884 il se rend dans le Bassin minier du Nord. Il y arrive au moment où les mineurs se mettent en grève. Il assiste aux meetings socialistes, descend dans les puits en compagnie d'un ingénieur. Il visite les galeries, lui, ventripotent, essoufflé; il entend les trains de berlines, les sourds coups de piolaine, les sabots des chevaux, le souffle brutal des mineurs; il boit de la bière et du genièvre dans les estaminets, il visite les corons. Il note tout dans ses carnets et sa mémoire et son imagination font le reste. En avril il a commencé la rédaction de son plus beau roman et l'achèvera l'année suivante. *Germinal,* sans atteindre le succès de *L'assommoir,* se vend bien. Il est lu dans le monde entier. Mais le roman suivant, *L'Œuvre,* l'a brouillé avec Paul Cézanne, son meilleur ami. Qu'importe, ces deux-là n'étaient déjà plus que des connaissances lointaines. Seul le succès anime Zola, et le succès vient avec le scandale.

En 1878, *Gervaise* et *Nana* avaient fait de lui un homme riche. Il achète la maison de Médan, en Seine et Oise. C'est une villa banale dans laquelle il fait élever une énorme tour carrée, de deux étages, avec vue sur un panorama bucolique jusqu'au confluent de l'Oise. Il y transporte son goût pour les bibelots et le gothique qu'il partage avec Alexandrine. Il construira plus tard une autre tour pour y abriter un billard, symbole, à ses yeux, de sa réussite sociale. Il achètera aussi l'Ile de Médan afin d'y bâtir un chalet. La simple villa est devenue un domaine qu'il contemple le soir de sa fenêtre, comme un bourgeois.

Un matin Cézanne a débarqué à Médan avec son chevalet et sa boîte à couleurs. Mais les deux hommes n'avaient déjà plus rien en commun. Zola est cousu d'or et Cézanne est resté le peintre famélique et passionné de ses débuts.

Le scandale fait autour de *Nana* est aussi virulent que celui qui avait accompagné la sortie de *L'assommoir,* l'un des premiers de la série de la célèbre famille. C'était après le succès de *Thérèse*

Raquin que Zola avait conçu l'idée de sa grande œuvre : écrire l'histoire d'une famille en plusieurs volumes, comme l'a fait Balzac pour *La Comédie humaine* mais d'une manière plus scientifique, plus « Naturaliste ». Zola est très satisfait de la polémique qui s'empare de chacun de ses ouvrages. Cette publicité lui convient car elle fait vendre le volume. Aucun lecteur ne reste indifférent. Les piles de livres fondent chez les libraires. Hugo même tremble sur son socle.

Zola éprouve comme un puissant aphrodisiaque l'acte physique d'écrire. C'est un plaisir comme Alexandrine ne lui en offre que très rarement. Pour *La faute de l'Abbé Mouret* il lui est même arrivé, après une heure de bûchage sur une phrase, d'avoir une éjaculation, comme il l'a raconté lui-même à ses amis.

En 1870 la guerre a interrompu la parution de la *Fortune des Rougon,* le premier des Rougon-Macquart. Zola veut s'engager dans l'armée mais il est refusé à cause de sa myopie, il est désespéré. La famille Zola quitte Paris pour rejoindre la banlieue de Marseille, à l'Estaque où Cézanne a planté son chevalet. La vieille et rude amitié, alors, réconfortait Emile. Mais l'actualité le talonne, il s'installe à Marseille et décide de fonder un journal avec des amis locaux; ce sera *La Marseillaise,* une feuille qui restera éphémère. Il trouve à Bordeaux une place de Secrétaire ministériel. L'année suivante il rentrera à Paris et retrouvera sa maison des Batignolles intacte. Mais le Gouvernement s'est retiré à Versailles avec l'armée et la Commune de Paris se soulève. Zola oscille entre le mépris pour le « Parlement croupion » et le dégoût pour la violence des Communards. Il espère que le gouvernement se montrera conciliant et que les Communards assagis déposeront les armes. Il n'en est rien et peu après, lors de la Semaine sanglante, les Versaillais exécutent les fédérés pris les armes à la main. A l'humiliation d'avoir été battu par les Prussiens, Zola ajoute la honte de s'être égorgés entre frères.

Cependant la *Fortune des Rougon* peut enfin paraître. Zola en corrige les épreuves avec enthousiasme. La guerre est finie et Zola se donne tout entier à son œuvre. Entre deux chapitres il descend dans son jardin, bêche un coin de terre, arrose ses rosiers. Sa mère et sa femme sont là, heureuses de se retrouver en paix.

Le jeudi Zola reçoit ses intimes à la table familiale. C'est ainsi que se constitue, peu à peu, le courant littéraire « naturaliste ». Zola vit de sa plume et s'en glorifie. Il parle fort. Autour de lui, on se serre les coudes.

Il n'a pas toujours été aussi bien entouré. En 1867, quand il écrivait *Thérèse Raquin,* il se sentait bien seul. Ce roman était l'histoire d'un couple, Thérèse et son ami Laurent, qui assassinent le mari de Thérèse. Ils échappent à la justice mais non à leurs remords. Rongés par la culpabilité, ils passent le reste de leur existence à se haïr et finissent par se suicider devant la mère de la victime. Du fond de son fauteuil de paralytique, la vieille femme les écrasait continuellement de son regard implacable.

La critique est mitigée mais déjà on traite Zola de pornographe et d'égoutier. Peu importe, cela fait vendre. Le succès encourage l'écrivain. Déjà il pense aux honneurs et même, insolent, à l'Académie L'idée ne le quitte jamais. Il n'est jamais découragé, comme autrefois quand son double échec au Baccalauréat lui fermait les portes des études supérieures. En 1862 il entrait chez Hachette comme expéditionnaire, la première marche pour devenir écrivain. L'éditeur lit les vers qu'il compose, et lui conseille d'écrire en prose. Il obtient de l'avancement et devient chef de publicité. Il fait la connaissance de tous les grands auteurs de son temps, Taine, Renan, Littré, Sainte-Beuve, Lamartine, Michelet.

Cézanne et Baille, le troisième du trio de compères, viennent à Paris et ils redeviennent inséparables. Ils vont au Salon des Refusés où les toiles de Manet, surtout le *Déjeuner sur l'herbe,* attire Zola. Cézanne lui présente des femmes. L'une d'elles, Gabrielle-Alexandrine, marchande de fleurs, plantureuse et un brin populacière, retient son attention. Il opte pour elle comme on mise sur un cheval. Il est pour le réalisme en sexualité comme en littérature. Il l'épousera pour que son ménage, régulier, lui permette de poursuivre plus tranquillement son travail.

Bientôt il réunit un ensemble de gentilles nouvelles sous le titre de *Contes à Ninon,* et les présente à l'éditeur Hetzel qui lui signe un contrat. L'ouvrage est bien accueilli par la critique. Zola réitère en publiant un récit autobiographique, *La confession de Claude,* qui évoque un poète malchanceux, lui-même. Il quitte alors son emploi chez Hachette pour se consacrer à la littérature et emménage avec Alexandrine rue de l'Ecole de Médecine.

Ses articles dans *L'Evénement,* qu'il intitule *Mon Salon,* l'amènent à fréquenter tous les peintres révolutionnaires. Ils se retrouvent au Café Guerbois, dans le coin bruyant et enfumé où ces gaillards hirsutes, à la barbiche conquérante, discutent en suçant la pipe et en vidant des chopes de bière et de rude Aramon. On s'interpelle, on s'indigne, on s'encourage, c'est le bonheur. Zola a trouvé une famille.

La sienne a été foudroyée par le décès du père, quand Emile avait sept ans. Cette mort a obscurci toute sa jeunesse. Monsieur Zola est mort d'une pneumonie, ne laissant que des dettes. L'enfant lui-même reste faible et pâlot. La famille a dû déménager et Emile entre à douze ans à l'austère collège de Bourbon à Aix. Il garde un mauvais souvenir de ses compagnons riches et vantards. Il est boursier et il zozote, deux tares que ses camarades ne lui pardonnent pas. On se moque de lui. Il n'a plus de père pour le défendre.

C'était vraiment une silhouette admirable de géniteur, cet ingénieur qui, à force d'ingéniosité, lançait le premier coup de pioche du canal d'irrigation de la ville d'Aix en Provence, qui portera son nom bien après sa mort. Le petit Emile Zola, à trois ans, accompagnait déjà son père sur le chantier. Il voyait celui-ci debout sur le quai, le chapeau sur la nuque, la canne à la main, criant des ordres. On faisait sauter partout des quartiers de roches à la dynamite. Des wagonnets couraient sur des rails, dans tous les sens. La poussière voilait le soleil, c'était terrible et glorieux.

Emile Zola est mort à 62 ans d'une mort imbécile, dont on n'a jamais su s'il s'agissait d'un assassinat. Des ouvriers se seraient-ils glissés sur les toits pour boucher les issues de sa cheminée ? La Justice de l'époque a classé l'affaire comme accidentelle. Zola a été enterré au cimetière de Montmartre. Ses cendres ont été transférées au Panthéon en 1908. Il y repose en compagnie de Victor Hugo dont il a été le rival toute sa vie. La puissante biographie d'Henri Troyat (Flammarion 1992) reste un pilier pour comprendre l'homme et son œuvre.

Colette

1873 – 1954

Allongée dans son radeau-divan, sur lequel elle navigue depuis des années, Colette attend la mort, entourée de son mari Maurice et la fille de celui-ci, la douce Pauline. Elle sait qu'elle sombre le plus souvent dans l'inconscience et ne se débat plus. Mais le 18 juillet 1954, elle a une lueur de lucidité. En un éclair et à rebours, elle revoit toute sa vie, sa longue vie intranquille. Lc film commence par ses souvenirs les plus proches.

L'année précédente, pour l'anniversaire de ses quatre-vingt ans, son portrait s'est étalé dans tous les journaux. Elle est apparue dans le hall de son hôtel à Monte Carlo, dans son fauteuil roulant, toujours maquillée de son regard charbonneux, bien pomponnée. Tout le monde s'est levé. C'était un beau jour.

Les honneurs la comblent, depuis quelque temps. On l'a faite Présidente de l'Académie Goncourt, Grand Officier de la Légion d'honneur. Ses œuvres complètes sont publiées, ses pièces sans cesse reprises à la scène, et sans scandale, maintenant. Elle est apaisée. Elle peut se retourner sur sa vie, sans en souffrir. Cela n'a pas toujours été le cas, loin de là.

Un autre beau jour, c'était la Libération, en 1945. Elle avait 72 ans. Déjà elle souffrait de la hanche, depuis longtemps, elle ne marchait plus qu'avec une canne, puis deux, puis des roues. Le traumatisme de l'arrestation de Maurice Goudeket, son troisième mari, au début de la guerre, trois ans plus tôt, l'a affaiblie. L'arthrite la rend presque impotente. Elle se rappellera toujours ce jour de décembre 1941, où on a frappé à sa porte, rue de Beaujolais. C'était un sous-officier allemand, casqué, de la Feld-Gendarmerie. Maurice est juif. Il est arrêté. Colette l'aide à faire sa valise. Il est parti avec le sourire, mais pour combien de temps. Aussitôt elle commence des démarches, pour le faire libérer. Elle tire des sonnettes, partout où elle peut. Elle connaît des gens. Elle y parvient. Le restant de la guerre, Maurice vivra caché, d'abord en zone libre puis à Paris, dans une chambre de bonne.

Ils se sont mariés en 1935, après dix années de liaison, ils voulaient faire un voyage aux Etats-Unis. Les Américains préfèrent les convenances. Ils ont embarqué sur le Normandie pour sa première traversée, c'est un beau souvenir.

Colette est alors au sommet de sa gloire, elle tient la rubrique de théâtre dans plusieurs journaux. Elle écrit des dialogues de films, publie *Gigi* et *Julie de Carneilhan,* des romans où elle se retourne vers son passé. Malgré le parfum de scandale qui l'a accompagnée toute sa vie, elle n'a plus de problèmes d'argent, elle n'est plus prise à la gorge par les difficultés financières qu'elle a ressenties si souvent

Le krach financier de 1929 les avait obligés, elle et Maurice, à réduire leur train de vie. Ils ont imaginé ensemble d'ouvrir un salon de beauté. Depuis toujours Colette aime confectionner des crèmes pour la peau et des parfums. C'est Sido, sa mère, qui lui a appris, autrefois, ses recettes. Du vinaigre de roses, de l'eau de coings, une pommade au suint de mouton. Elle avait pris au music-hall le goût du maquillage. .A cinquante-neuf ans, femme de lettres, l'idée lui plaisait de commencer une nouvelle carrière, à l'âge où d'autres finissent leur vie. Elle s'est amusée, avec Maurice, à choisir des emballages, à rédiger des modes d'emploi et des prospectus. Un dessin de son portrait figurait sur le couvercle des boites à poudre. Tout cela était passionnant et puis, pfuitt... ça n'a pas duré. Les clientes venaient une fois pour la regarder de près, pour lui faire dédicacer leur livre, et se sauvaient. On ne les revoyait plus. Colette revint à la littérature. Maurice est toujours installé Avenue de Président Wilson.

Ils se sont rencontrés en 1925, deux ans après la séparation de Colette d'avec son deuxième mari, Henry de Jouvenel. Elle était bien sûre alors de vouloir vivre seule, sans homme pour brider ses plans. Elle publiait pour la première fois sous son nom de Colette, le nom de son père, le Capitaine Colette, un nouveau roman, *Le blé en herbe*. Elle avait mis cinquante ans à conquérir ce nom-là, elle y tenait. Il lui a fallu deux divorces et des années de batailles.

Maurice était alors en activité, un courtier en perles. Cultivé, amateur de musique et de peinture, il lisait ses livres depuis l'âge de 15 ans. Il n'a jamais aimé qu'elle, du moins il le disait. Dès cet âge il avait, paraît-il, décidé de l'épouser « quand il serait grand ».

Leurs débuts sont laborieux, Colette se méfie. Ils se parlent la nuit au téléphone, ils s'apprivoisent. Puis elle décide de faire de lui son compagnon de tous les jours. Elle se débarrasse de sa vie passée. Elle vend la maison de Bretagne pour acheter une cabane à Saint-Tropez, qu'elle agrandit. Ce sera La Treille Muscate. Elle emménage dans un entresol, rue de Beaujolais, avant de grimper un étage dans le même immeuble qu'elle chérit. L'adresse lui plaît, elle aime bien boire et manger.

Les années se précipitent. Quand est-ce que Bel-Gazou a perdu son nom de fillette pour devenir une belle jeune fille de plus en plus indépendante et difficile ? Elle et sa mère se heurtent souvent depuis que Colette l'a mise en pension. Cette période agitée, c'est aussi la naissance de *Chéri,* le roman de Colette qui a causé le plus grand scandale. C'était l'histoire d'un jeune homme de vingt-cinq ans amoureux d'une demi-mondaine, Léa, cinquante-cinq ans environ, qui ressemble beaucoup à Colette. Mais le jeune homme est une fiction, Colette l'a créé avant de connaître intimement son beau-fils, Bertrand de Jouvenel, qui est devenu son amant à dix-sept ans. *Chéri* est un roman prémonitoire, une histoire d'initiation. Jouvenel, quitte, furieux, le domicile conjugal, réclame le divorce. Pendant ce temps, pourtant, Bertrand s'épanouit, se lance dans la politique. Colette évoque avec attendrissement : « le battement d'ailes d'un oiseau sorti d'un nid de coucou s».

Colette a bien écrit *Chéri* avant de s'éprendre de Bertrand mais le roman suivant, *La fin de Chéri* doit beaucoup à son jeune amant. La carrière de Colette, en partie grâce à Henry de Jouvenel, directeur du journal *Le Matin,* avait pris un élan, ses œuvres étaient portées à la scène, elle-même, parfois, les jouait au théâtre. Elle a collaboré pendant des années au journal de son mari, publié des reportages et des interviews. Elle passait ses journées dans une activité intense, envoyait aussi des articles au *Figaro,* à *L'Eclair,* au *Quotidien...*

1914, la guerre éclate. Jouvenel, que Colette appelle Sidi, est mobilisé, il part. La fille de Colette, qu'on appelle encore Bel-Gazou, est envoyée à la campagne. Colette s'organise avec ses amies pour survivre malgré les restrictions. Elle fait des reportages en Italie pour *Le Matin.* Elle publie *Mitsou* qui est un succès. Mitsou est une petite caf'conc qui attend son lieutenant bleu mais celui-ci l'oublie très vite à la fin de sa permission.

A la fin de la guerre, Sidi se lance dans la politique, Colette ne peut pas le suivre, le couple se défait. Sidi plaît aux femmes et Colette ressent à nouveau les affres de la jalousie. Elle revit l'attirance du triangle amoureux avec Germaine Patet qui devient son amie. Le mouvement féministe prend alors son essor et aide Colette à prendre conscience de son individualité. Elle n'est pas seulement la femme de Jouvenel, comme elle a été celle de Willy. Elle existe par elle-même, elle subvient à ses besoins.

Henry de Jouvenel, le plus prestigieux de ses maris, elle l'a rencontré en 1911. Il avait 35 ans, il était déjà Rédacteur en chef. C'est un aristocrate, il a trois ans de moins que Colette, grand, brun, bien bâti. Une rencontre rocambolesque au cours de laquelle elle suscite la jalousie de « La Panthère », la maîtresse de Jouvenel qui veut la tuer et la cherche partout dans Paris. Missy, l'amie bien-aimée de Colette est jalouse aussi et s'éloigne. Colette tombe amoureuse d'un château, Castel Novel, la maison de famille de Sidi. Ses tours noires se découpent à la nuit tombante dans cette Provence qui n'est pour elle que fraîcheur et rosée. Un rez-de-chaussée aux bougies, une argenterie bien fourbie, elle est éblouie. Dans sa chambre les chauve-souris passent et repassent entre les colonnes du lit.

Quelques mois plus tard, enceinte, elle se marie très simplement à Paris. Elle a choisi sa nouvelle cage et la décrit dans un livre au titre éloquent, *L'entrave*. Mais le plaisir sexuel gouverne encore sa vie.

Elle met au monde à Castel Novel une fillette toute brune, Colette de Jouvenel dite Bel Gazou, et c'est une fête absolue. Mais Colette n'est pas Sido et elle n'est mère qu'à ses moments perdus. La petite fille aura une nurse anglaise qui va l'éloigner de sa mère.

Quand Colette pense à son mariage, au nouveau statut social auquel elle peut prétendre, au confort affectif qu'il lui apporte, elle évoque aussitôt ses années de music-hall qui les ont précédées. Elle a vécu la précarité, l'angoisse du lendemain, la fatigue des tournées. Les retours à l'hôtel minable après le spectacle, passé minuit. La chambre est froide, avec ses draps mal séchés, le pot d'eau chaude qui a refroidi. Et les nuits dans le train quand on arrive au petit matin, dans une ville inconnue. Déjeuner lourd dans une brasserie enfumée, répétition interminable avec l'orchestre, la toilette, le dîner. Mais, elle le sait, c'est au cours de ces tournées qu'elle est devenue écrivain. Son regard s'est aiguisé. Du music-hall, là où d'autres ne voient que les paillettes, elle distingue le métier, la sueur, les peaux jaunies de fard et les découragements. Elle écrit *L'envers du music-hall,* c'est sa manière de résister à toute cette misère, elle se durcit, triomphe quotidiennement avec un héroïsme très féminin. Chaque soir elle séduit le public à travers des pantomimes qu'elle danse presque nue, son beau corps seulement enveloppé de gaze. Malgré la fatigue, ce travail lui plaît, elle est enchantée de gagner sa vie. Elle l'a raconté dans *La Vagabonde.*

En revenant de tournée elle retrouvait le monde de Lesbos où Missy l'accueillait depuis sa rupture avec Willy. Missy, à la ville la marquise de Belbeuf, qui a dix ans de plus qu'elle. C'est la dernière petite fille du Duc de Morny. C'est aussi l'une des grandes figures féminines de l'homosexualité parisienne.

La rupture avec son premier mari, Willy, ne s'est pas faite en un jour. Les adultères de celui-ci sont devenus de moins en moins discrets. Chaque femme qui passait la porte devenait pour Colette une rivale. Le vent de la révolte gronde depuis longtemps. 1900 a vu les premiers congrès pour les droits de la femme. Colette n'est pas encore féministe, le féminisme lui fait peur. Le succès des romans de *Claudine* qu'elle écrit pour Willy est dû au marketing qui les accompagne. Willy a inventé les produits dérivés, le parfum de Claudine, le fameux col Claudine, les cigarettes Claudine, son chapeau. Sur les couvertures des livres figure seul de nom de Willy. Elle-même n'existe pas, elle ne reçoit aucun salaire, seulement quelques perles que Willy ajoute solennellement à son collier de mariage, à chaque parution. Elle a dû faire des scènes pour obtenir une petite rétribution.

Pourtant ce mariage a ses avantages, Colette rencontre le Tout Paris des artistes, Debussy, Ravel, et Fauré. Elle se fait des amis,

Marguerite Moreno, Marcel Schwob ; Sacha Guitry. Mais elle n'a pas l'habitude du monde, elle a toujours son accent rocailleux, elle reste muette pendant ces soirées. Elle sent qu'elle n'est là que comme femme de Willy et s'en trouve mortifiée. Comme toutes les femmes à la mode, elle a coupé sa longue natte, raccourci ses jupes et chaussé des sandales. C'est une très belle femme, au visage triangulaire et mystérieux, aux formes voluptueuses. Elle attire et séduit. Quand il sent en elle le vent de la révolte, Willy lui fait donner des cours de mime. Il lui propose un changement de vie, à elle qui ne rêve que d'évasion.

Les Claudine, c'est lui qui en a eu l'idée. Dès 1894, il l'a mise à la plume. Il l'enfermait dans sa chambre, jusqu'à ce qu'elle écrive. L'époque est à la Presse, des dizaines de journaux se développent. Willy y participe fiévreusement. Il est partout, dans les cocktails, au champ de courses, au spectacle. Il fait travailler pour lui tout un corps de « nègres » et signe leur production. Un jour il lance à Colette : - Vous devriez jeter sur le papier vos souvenirs d'école primaire. N'ayez pas peur des détails piquants, j'en ferai peut-être quelque chose. Les fonds sont bas, comme toujours. Willy est avare. Colette entame la rédaction de ses souvenirs sur ses cahiers d'écolière mais, le manuscrit terminé, Willy le jette dans un tiroir, pensant qu'il ne peut rien en tirer. Deux ans plus tard, en voulant ranger son bureau, il le retrouve et se frappe le front :

-Nom de Dieu, s'écrie-t-il, je suis un con !

L'ouvrage se vend à 40.000 exemplaires, Willy réitère. *Claudine à Paris,* puis *Claudine en ménage. Claudine s'en va, Minne, Les égarements de Minne,* et, pour finir, *La retraite sentimentale.* C'est la Belle Epoque, pour les grands bourgeois et les demi-mondaines. Dans le ménage Willy l'argent rentre à flots. C'est l'époque de l'Eternel féminin, des grandes horizontales et de l'érotisme effréné.

Ce n'était pourtant pas un séducteur, cet Henry Gauthier Villard, dit Willy. Il est barbu et bedonnant, assez laid, faible et petit, rien d'un Don Juan. Il a treize ans de plus que Colette, qui s'appelle encore Gabrielle. Mais sa famille est issue d'une caste qui impressionne la France, celle de l'Ecole Polytechnique. Il fait des vers et écrit des articles sur les Arts dans des journaux spécialisés. Il a eu un fils d'une femme mariée et l'a envoyé en nourrice à Sido. C'est ainsi qu'il a connu la mère de Gabrielle. Il est à l'aise dans le Tout Paris, Gabrielle est séduite et il l'épouse, même sans dot, parce qu'il est reconnaissant à la famille d'avoir sauvé son fils. Le mariage se fait à Chatillon le 15 mai 1893.

Sido, c'est le personnage qui a dominé toute la vie de Colette, toute son enfance. Plus que ses maris, plus que sa propre fille. C'est elle qui l'a élevée tendrement, l'a aimée d'un amour absolu, lui a communiqué toutes ses qualités, son endurance, son amour de la vie. En 1889, quand il a fallu vendre la maison d'enfance, Sido a fait face à la ruine de la famille. A la vente aux enchères sont partis le petit bureau acajou de Colette, et son étroit lit-bateau. La famille a trouvé refuge chez le fils aîné, Achille. A 17 ans, Colette est une fille mince, aguichante mais pauvre. Elle sait, et Sido aussi, que son seul salut est dans le mariage.

Depuis qu'elle est toute petite, Sido brosse matin et soir ses beaux cheveux châtain qui lui descendent jusqu'à mi-cuisse. Elle les tresse tendrement. Sido dit : Regarde ! Regarde la chenille velue pareille à un petit ours doré. Regarde le cotylédon qui lève sur sa tête un petit chapeau de terre sèche. Regarde la guêpe qui découpe avec ses mandibules en cisaille une parcelle de viande crue. Colette apprend à regarder et s'en souviendra toute sa vie. A la mort de son père elle reporte sur Sido toute sa capacité d'amour.

Le Capitaine Jules Colette, deuxième mari de Sido, a une jambe de bois. Cela ne l'empêche pas de mener campagne pour se faire élire au Conseil Général de l'Yonne. A huit ans Gabrielle joue le rôle de supporter dans cette élection. Elle accompagne son père dans ses tournées, stationne avec lui au café. Elle déguste un doigt de vin, et trinque en tapant sur la table. Au retour Sido la surprend avec une haleine bourguignonne. Finie la campagne électorale. Le père a perdu son meilleur argument.

Le plus ancien souvenir de Colette enfant, c'est la cour de la maison de Saint Sauveur en Puisaye, où donnent tout autour les écuries et les remises, la laiterie et les poulaillers. L'odeur du feuillage, le parfum de l'abricot mûri sur les espaliers... Regarde ! Avait dit sido.

Colette est morte le 3 août 1954. Elle est la première femme à recevoir des funérailles nationales. L'Eglise catholique refuse la cérémonie religieuse, c'est le dernier scandale de Colette. Elle est ensevelie au Père Lachaise sous une simple dalle qui porte ces mots : Ici repose Colette, 1873-1954.

On trouve encore la belle biographie de Michèle Sarde, Colette, libre et entravée. Stock, 1978.

Jean Cocteau

1889 – 1963

Le 11 octobre 1963, Jean Cocteau garde la chambre dans sa maison de Milly-la-Forêt. Il se sent faible, ainsi qu'il le déclare à Juliette, sa cuisinière. « C'est ma dernière journée en ce monde » soupire-t-il. Vers midi la radio diffuse une émission sur Edith Piaf, qui vient de mourir. C'est alors que Cocteau voit défiler toute sa vie, en un éclair et à rebours.

L'année précédente, déjà, il s'est senti mourir, d'un premier infarctus. Il a alors baptisé *Requiem* un poème de quatre mille vers qui se présente comme son dernier testament. Accablé par le mauvais sort que lui lancent Breton et toute sa clique, abandonné par son amie Francine Weisweiller, sa mécène et compagne platonique depuis des années, il erre en robe de chambre dans sa maison de Milly, une pipe d'opium à la main. Jean Marais le recueille et le soigne avec dévouement à Marnes-la-Coquette.

Mais déjà il se montrait aux portes de la mort dans son film, *Le Testament d'Orphée*. Visage de fantôme, silhouette funèbre, lui-même mettait en scène et jouait ce dernier message. Ses seuls moments de bonheur, il les passe tout seul dans la Chapelle de Villefranche. C'est une remise à bateaux où les pêcheurs de la côte rangent leurs filets. Elle s'était révélée, quand il l'a découverte, une merveilleuse chapelle romane. Il s'est mis au travail, pour la peindre et la décorer, passant jusqu'à dix heures par jour sur l'échafaudage branlant, vêtu d'un gros bleu, la tête serrée dans un foulard qui l'étouffait. Il l'a enrichie de son propre folklore, tout son panthéon personnel. Puis il l'a rendue au culte. La petite flamme qui brille sur l'autel, c'est un peu l'âme de Cocteau, fragile, frivole.

A soixante-six ans, son élection à l'Académie française l'a guéri de ses doutes. Enfin il était reconnu de tous. C'était peut-être encore un touche-à-tout, comme on le disait sans cesse, mais un touche-à-tout de génie. Sa renommée s'étendait sur toute l'Europe. L'Allemagne, l'Italie, l'Espagne exposaient ses œuvres, projetaient ses films, lui réclamaient des conférences. Pourtant il se plaint encore en silence de son existence solitaire, cache sa tristesse sous un grand sourire désespéré. Sous un extérieur flamboyant, il traîne une vie misérable, entre l'opium, et encore l'opium. Paris-Match le photographie un doigt en l'air, comme un prophète, mais lui compte ses vrais amis sur le bout des doigts.

Picasso est toujours de ceux-là. Ensemble ils jouent aux taureaux, s'encornent à qui mieux mieux. Pablo charge et Jean esquive, avec des rires. Dans les rues de Nîmes ou sous les platanes d'Arles leur couple devient légendaire. Les deux idoles s'épaulent pour mieux se battre contre l'avancée en âge. Souvent on accusait Cocteau d'avoir plagié le peintre dans ses dessins. Mais lequel avait davantage profité de l'autre ? Tandis que Jean s'exerçait à épurer son trait comme le lui montrait Picasso, tout en « féminisant » ses dessins, Picasso lui empruntait ses formules, telles que « L'Art, ce mensonge qui dit la vérité ». Formés aux mystères par Max Jacob et Apollinaire, tous deux croyaient aux signes et aux chiffres. L'univers magique leur était familier.

Les femmes de Picasso se conduisaient avec Jean diversement. La bourgeoise Olga le trouvait trop bohème et préférait l'éviter ; mais Dora Maar l'avait beaucoup reçu et aimait sa conversation. Françoise Gillot le tenait à distance. Quand Picasso forma « sa cour » autour de lui, Cocteau fit le pitre avec des imitations de Proust, de Satie et de Stravinski. Gillot fit alors de lui son allié dans ses démêlés avec le peintre.

Après l'échec du film *Orphée,* en 1950, Jean Marais s'éloigna de lui. Cocteau s'attacha à cinquante-cinq ans à une délicieuse et riche jeune femme, Francine, qui le sauva de la morosité de sa vie, et de ses difficultés financières. Elle l'aimait et mettait à sa disposition sa fortune, son hôtel particulier Place des Etats-Unis, et sa maison de Saint Jean Cap-Ferrat, qui devint son refuge. C'est l'époque où Cocteau était jaloux de Genêt, que Sartre portait aux nues. N'était-ce pas lui-même qui avait « découvert » le célèbre et génial voleur et l'avait tiré de sa prison ? Il avait fait éditer *Notre Dame des Fleurs* et Jean Genêt ne lui en était même pas reconnaissant car cette édition devait rester anonyme. C'est toujours lui qui fait éditer ses amis, Desbordes, Radiguet. Lui-même, personne ne l'encense, tout le monde le critique et l'insulte pour son homosexualité. Heureusement cela ne l'empêche pas de continuer à attirer les jeunes talents autour de lui.

En 1947, avec Marais, las de Paris, ils ont décidé d'acheter l'ancienne résidence de Bailli de Milly-la-Forêt, une maison de village avec un vaste jardin fleuri. Dans une librairie il rencontre un Yougoslave de vingt-deux ans, bien fait et souriant, ancien mineur de Lorraine. Cocteau l'installe dans sa maison de jardinier et en fait son factotum. Edouard Dermit, aussitôt rebaptisé « Doudou », répond au téléphone, conduit la voiture, taille les rosiers. Cocteau ne le touche pas et il en est fier. Doudou fume l'opium avec conviction, condition sine qua non pour rester dans les petits papiers du maître. Marais est rassuré de ne pas laisser son ami tout seul.

La pièce *L'Aigle à deux têtes* a été représentée au Théâtre Hébertot mais cet écho de mythes révolus n'obtient pas le succès espéré. Cocteau se lance alors dans la réalisation d'un film *La Belle et la Bête,* d'après un conte de fées de Madame Leprince de Beaumont. Le tournage est pénible. Marais souffre le martyre en subissant trois heures durant le maquillage, poil par poil, qui le transforme en Bête. Cocteau, comme par solidarité, se couvre de furoncles, est torturé d'abcès dentaires et de fatigue. Il doit être hospitalisé à Pasteur. Il ne resurgira, contre avis médical, que pour reprendre le tournage. Le film, enfin, est très bien accueilli par le public et reçoit le prix Louis Delluc. En même temps, c'est la reprise triomphale des *Enfants Terribles* et un ballet, *La jeune fille et la mort,* dansé par un couple vedette. Malgré tout cela, la santé de Cocteau reste vacillante. L'opium a fait sa réapparition après plusieurs années de cure. La mère chérie de Jean, la vraie femme de sa vie, n'est plus là pour soigner ses plaies et entretenir son train de vie. Elle est morte en 1943, le laissant orphelin et dépendant de Marais pour boucler ses fins de mois. Celui-ci vient d'obtenir un triomphe avec le film *L'Eternel retour,* aux côtés de Madeleine Sologne. La réalisation est de Jean Delannoy sur un argument de Cocteau. Des milliers de jeunes filles amoureuses, des centaines de coups de fil, des lettres enthousiastes, des demandes en mariage. Le jeune homme, avec son chandail, a enflammé tous les cœurs, ceux des garçons et ceux des filles. Mais lui n'a pas la tête qui tourne, il s'affiche avec Cocteau, le couple est consacré, béatifié. C'est la première fois qu'un couple d'homosexuels est ainsi accueilli et accepté par le grand public. A la Libération, Cocteau sera « blanchi » par Marais, pour la bonne réputation de Résistant de celui-ci.

Trois ans plus tôt, en pleine guerre, Cocteau s'était installé avec Marais rue de Montpensier, au Palais Royal, dans un petit appartement aux fenêtres en demi-lunes, appelées demi-castors. Dans le salon, une planche à dessins en bois blanc posée sur deux tréteaux, un divan couvert de peaux de bêtes et de grands tableaux d'ardoise aux murs, pour écrire à la craie. Cocteau, avec l'aide de Marais, entreprend une énième cure de désintoxication de l'opium. Il reprend du poids, sort enfin de chez lui. Il remet une pièce, *La machine à écrire,* à la censure allemande. L'histoire, écrite en 1939, est celle d'un groupe de jeunes gens qui envoient des lettres anonymes pour empoisonner leurs concitoyens. Marais joue le rôle de deux frères jumeaux. La pièce est mal accueillie et dénoncée comme une « Judéo-blennorragie » par une clique antisémite avec à sa tête le journal *Je suis partout,* dirigé par Robert Brasillach. Marais, dans un restaurant des Batignolles, frappe et jette dehors un critique du journal. Cocteau est réduit au silence. Il écrit aussitôt *Renaud et Armide* mais la pièce est interdite, elle aussi.

Jean Marais a vingt-trois ans quand il croise la route de Cocteau, en 1936. La rencontre n'a rien de fortuit. Le jeune ambitieux avait noté dans ses carnets cet auteur déjà célèbre pour aimer les garçons. On l'a prévenu qu'il devra passer par la chambre à coucher du maître. Il répond qu'il en sera fier. Il attire son attention dans une audition d'élèves de Raimond Rouleau et Cocteau l'engage aussitôt pour jouer *La machine infernale,* presque nu, seulement enveloppé de bandelettes. Le corps triomphant de Jean Marais rejoint dans le noir le long corps décharné de Jean Cocteau, son cou étranglé par un foulard, ses mains de poète. Il fait revivre ce mort-vivant, c'est une résurrection. Ils travaillent ensemble *Les Chevaliers de la Table Ronde,* mais la pièce ne fait pas recette, malgré l'article enthousiaste de Colette. « Jean Marais est beau, sans plus », peut-on lire dans les critiques. Cocteau écrit pour lui *Les Parents terribles* qui remportent un grand succès. Ce drame familial fait pleurer et rire tout Paris.

Quand la guerre a éclaté, Marais a été mobilisé et Cocteau s'est réfugié au Ritz, tout seul, financé par Chanel. C'est elle qui a cousu les costumes de la *Machine infernale,* qui est sortie au théâtre Louis Jouvet, avec des décors de Christian Bérard. La pièce était alors le reflet de la solitude de Cocteau, de son malheur existentiel. Et pourtant l'auteur sait être drôle et brillant. Il habille son mal de vivre d'un humour permanent. Il imite sur Radio-Luxembourg les voix de Misstinguett, de Maurice Chevalier et de Marlène Dietrich. Avec son éphémère amant, le franco-berbère Khill, il est parti faire le tour du monde en quatre-vingt jours, comme Jules Verne.

Au retour il a pris parti pour le Front Populaire et il tient rubrique dans le journal d'Aragon, Le Soir.

C'est en écrivant sa pièce pour Jouvet qu'il est tombé amoureux de Nathalie Paley, une princesse russe, amie de Marie-Laure de Noailles. Elle aussi est amoureuse, c'est leur premier amour partagé, il veut un enfant. Mais elle est mariée avec le couturier Lucien Lelong, qui ne l'entend pas de cette oreille. L'amour avec Nathalie est tendre, presque désexualisé. Leur désir est nourri d'opium et de mensonges. Ce sera la période la plus triste de son existence. Ils faisaient l'amour comme des enfants. La belle russe s'est-elle fait avorter ? Ce sera un secret pour tous, et pour Cocteau le premier qui le regrettera toujours. Il n'aura été père qu'en pensée.

L'opium fait de lui un squelette, son visage chiffonné trahit l'approche de la quarantaine. Il couvre ses joues de cosmétiques, il fait pousser ses cheveux pour détourner l'attention. Sa vie est infernale : trois pipes le matin au réveil, quatre pipes l'après-midi, trois à nouveau le soir. Il se change en vieillard. Une terrible cure de désintoxication le débarrasse pour un temps de cette obsession.

.

Il a commencé à fumer l'opium en 1923 après la mort de son grand amour de jeunesse, Raimond Radiguet. Celui-ci avait quatorze ans mais il en annonçait dix-neuf. C'était un poète fiévreux et rabougris, fragile, maladroit. Il est petit, mal fagoté, il marche avec une canne, il porte des lunettes rondes de chinois. Il est dur, insensible, et souvent muet mais il écrit des poèmes dadaïstes et dessine des caricatures qu'il impose aux journaux médusés. Cocteau est amoureux mais ce n'est pas réciproque. Radiguet admire son mentor mais se tient à distance.

Aragon, de sept ans plus jeune que Cocteau, fait venir Tzara à Paris. Cocteau lance avec lui et Milhaud un nouveau spectacle, *Le bœuf sur le toit,* Commencent les années d'après la guerre de 14, ces années de fête ininterrompue qu'orchestre Cocteau dans les boîtes de nuit, avec la musique de jazz en plein essor et un vent venu d'Afrique. Saisons de bal chez les Beaumont puis chez les Noailles. Cocteau accumule les poèmes, articles, romans, pièces et ballets. Il est heureux. Radiguet l'accompagne partout, le jeune homme écrit *Le Diable au corps* sous la férule de Cocteau. Mais « Bébé » est vicieux, il aime les filles. Cocteau se plaint au jeune Hemingway, de passage à Paris. Tous se retrouvent au Bœuf sur le toit, le nouveau bar où Cocteau fait la loi. *Le Diable au corps* sort chez Grasset, c'est un triomphe. Cocteau est très honoré, son poulain est devenu plus célèbre que lui-même. Pourtant Radiguet se détache de lui, il sort ouvertement avec de jeunes beautés qui ne lui refusent rien. Le jeune auteur achève son deuxième roman, *Le Bal du Comte d'Orgel,* inspiré de la famille de Beaumont. Cette seconde œuvre connaîtra un succès tout aussi éclatant que la première. Mais Radiguet meurt brusquement d'une fièvre typhoïde mal soignée, dans la nuit du 12 décembre 1923. Cocteau s'évanouit en apprenant la nouvelle. Radiguet n'avait pas vingt-et-un ans. On l'enterre en blanc, la couleur réservée aux mineurs. Cocteau garde le lit et pleure, il ne se rendra pas à l'enterrement. On se moque de lui, on l'appelle « Le veuf sur le toit ». Les miroirs lui renvoient sa figure de travers, son regard de chien crevé, il souffre plus qu'il n'a jamais souffert de sa vie. C'est alors qu'il découvre l'opium. Les murs se mettent à fondre, les planchers à gondoler, et lui à planer.

Il planait déjà, sans aucune drogue, pendant la Guerre de 14, qu'il a faite avec enthousiasme comme ambulancier dans la fine équipe de Misia Sert, puis d'Etienne de Beaumont. Réformé pour faiblesse constitutionnelle, il fait la guerre en amateur, apprécie la beauté des explosions, aime les hommes et leurs uniformes, les soldats noirs et leurs sourires. Quand il a fait le plein de sensations guerrières il revient à Paris où Diaghilev cherche un nouveau spectacle capable de relancer ses Ballets. Cocteau lui présente un livret sur lequel il a travaillé sous les obus, qui sera *Parade.* Un prestidigitateur chinois, des acrobates et une petite Américaine s'y démènent pour faire entrer le public au cirque et dans la poésie. La musique est d'Eric Satie, et les décors de Picasso. Toute l'équipe s'est installée à Rome dans un grand atelier où Picasso déploie à même le sol une immense toile sur laquelle il peint le fameux rideau de scène. Pour *Parade,* le peintre tourne le dos au cubisme et peint des personnages, des oiseaux, un cheval ailé.

A cette époque la sexualité de Cocteau est encore indécise et il tombe amoureux d'une danseuse russe, Chabelska, qui sera la « petite Américaine » du Ballet. Apollinaire qualifie celui-ci de « surréaliste », c'est la première fois que Cocteau entend ce mot. Breton l'entend aussi et en fait son drapeau. Mais le spectacle s'attire l'hostilité des Parisiens. Jugé trop désinvolte en pleine guerre, il est sifflé, les artistes sont traités d'embusqués et les cris obligent à le retirer de l'affiche. Cocteau est ravi, il a sa Bataille d'Hernani, il s'est fait connaître de tout Paris, non celui des Salons mais celui des Boulevards. Ses années d'avant-guerre avaient vu sortir plusieurs recueils de poèmes imprimés à compte d'auteur, qu'il a reniés par la suite. *Le Prince frivole, La Lampe d'Aladin,* devaient beaucoup à l'influence d'Anna de Noailles, la poétesse « innombrable » qui faisait alors courir les mondains. L'acteur De Max a même organisé pour le jeune poète une matinée au Théâtre Femina, aux Champs Elysées. Des actrices connues avaient dit ses vers, c'était l'ivresse. Sa mère chérie l'emmenait à Venise où il rencontrait dans l'Ile de la Giudecca, haut lieu des exploits masculins, un autre jeune poète, Raymond Laurent, qui lui imposa une étreinte effrayante puis se suicida le soir même sur les marches de la Salute. Il n'oubliera jamais cette horrible journée.

Ses particularités sexuelles, pourtant, ne l'avaient pas inquiété auparavant, il en était fier. Il n'en disait rien à personne mais en était secrètement amusé. Depuis l'âge de cinq ans il écrivait des poèmes et des pièces de théâtre. Il dessinait et jouait du piano comme d'autres jouent aux billes mais il échoua deux fois au bac et n'obtiendra donc jamais le moindre diplôme. Qu'importe ? Il s'affiche chez la Princesse Murat et chez la Duchesse de Rohan pour dire ses vers debout devant la cheminée, comme autrefois Nodier et Victor Hugo à l'Arsenal.

Il a perdu sa virginité entre les bras d'un jockey de Maisons Laffitte qu'il rejoignait au paddock, habillé en lad, un seau à la main. Mais son premier souvenir est douloureux : il avait neuf ans et revenait d'une promenade quand il a appris la nouvelle que son père venait de mettre fin à ses jours, d'une balle dans la tête. Il ne s'en remettra jamais vraiment.

Jean Cocteau est enterré dans son costume vert d'Immortel. Le cortège a été suivi par cinq mille personnes. La conséquente et remarquable biographie de Claude Arnaud (Gallimard) a fait revivre en 2003 cet ange toujours ravi, jamais content. Il a fait graver sur sa tombe, dans la Chapelle Saint Blaise à Milly la Forêt, ces mots : « Je reste avec vous ».

Jean-Paul Sartre

1905 – 1980

Le 15 avril 1980, Jean-Paul Sartre est couché dans une chambre de l'Hôpital Broussais, une perfusion dans chaque bras. Depuis des jours, et même des mois, il sait qu'il va mal, que sa fin est proche. Toutes ces drogues, le tabac, l'alcool, ont eu raison de lui, il le sait, mais il est content d'avoir réussi son œuvre. Il peut laisser aller, maintenant. Et soudain, parce que son médecin lui dit qu'il apprécie l'article d'entretiens qui vient de paraître au *Nouvel Observateur,* le voilà qui revoit toute sa vie, en un éclair et à rebours.

Ces fameux articles ont entraîné tout un bouleversement. Le Castor s'opposait à leur parution. Dans une scène épouvantable, elle a balancé le manuscrit à travers le studio, elle a menacé, elle a pleuré. Elle ne voulait pas comprendre que ces derniers entretiens avec son secrétaire Benny Levy étaient son testament, et sa seule manière d'exister encore, un peu plus longtemps.

Depuis des années Sartre est aveugle, il ne voit que des ombres, à de rares instants. Sa mère est morte à 87 ans. Il ne peut plus écrire, il a perdu sa raison d'être. Il n'avait jamais fait qu'écrire, depuis l'âge de neuf ans. Il ne peut même plus jouer du piano, faute de pouvoir lire les partitions. Il ne fait que survivre.

Il a déménagé pour le Boulevard Edgar Quinet, un immeuble banal au jardin délaissé, mais quelle importance, il ne le verra jamais. Toutes ses femmes, sa fille adoptive Arlette, la charmante Wanda, qu'il a beaucoup aimée, Michelle, Liliane , Hélène, et bien sûr Simone de Beauvoir, l'unique, la préférée, se relaient auprès de lui, jour et nuit. Mais son seul plaisir, de temps en temps, est de manger un cassoulet, ou un bon fromage de Munster. Ou encore d' « écrire à deux » avec Benny Levy. Tant pis si les vieux Sartriens des *Temps Modernes* se rebiffent et l'accusent de renier ses idées. Tant qu'il écrit, il est vivant.

Depuis qu'il a créé *Libération,* avec d'autres, en 1973, il a mis de côté son œuvre sur Flaubert. Il fait de la « démocratie directe ». Devant le kiosque à journaux du coin Raspail Montparnasse, il provoque les passants, suscite des discussions spontanées, met en place un comité d'action révolutionnaire. Il est à l'aise avec les maos, cet engagement lui plaît.

Trois ans plus tôt il avait pris aussi la direction de *La cause du peuple,* un journal gauchiste qu'il vendait dans la rue, à la barbe des bourgeois. Des policiers sont intervenus et l'ont embarqué au commissariat, pour le relâcher après vérification d'identité. Les journaux en ont fait des gorges chaudes mais cela ne l'a pas découragé, au contraire. Presque aussitôt il grimpait sur un tonneau de fuel, devant l'usine Renault-Billancourt, pour haranguer les ouvriers, un micro à la main. Il a toujours aimé les prises de parole, l'euphorie des mouvements révolutionnaires.

Après la publication des *Mots,* en 1964, cette autobiographie sur laquelle il a travaillé dix ans, on a voulu l'embaumer, le statufier. Il a refusé le Prix Nobel qui lui a été attribué. Il avait déjà repoussé la Légion d'Honneur et la chaire honorifique au Collège de France. Jamais il n'a accepté de s'endormir sur ses lauriers.

Pendant dix années, de 1954 à 1964, il s'est transformé en globe-trotter politique, avec le Castor. Leur couple est devenu légendaire. Au Japon ils étaient mitraillés par les milliers d'appareils photographiques. Au Proche-Orient ils assistaient à une représentation de sa pièce *Les Mouches* en langue arabe. A Cuba, il serrait la main du géant Fidel Castro, en battle-dress, brandissant son énorme cigare. Au Brésil, il a parcouru le pays en compagnie de George Amado. En Russie, il nouait une relation passionnée avec son interprète, Léna, qui traduisait ses œuvres.

De Chine, les deux écrivains revenaient enthousiastes. Partout ils étaient reçus comme des chefs d'état, des lumières de la gauche. A la suite de l'un de ses voyages en U.R.S.S., Sartre a accepté la vice-présidence de l'Association France-Russie, et devenait ainsi un compagnon de route du Parti Communiste, tout en gardant ses distances. Il participe à tous les Congrès, à tous les voyages officiels, c'est épuisant. Après la période café-orthédrine, il a essayé d'autres drogues, d'autres stimulants. Il fallait pousser la machine jusqu'au bout de ses forces. Cela s'est traduit par une hospitalisation de dix jours, à Moscou.

Pour alimenter les finances, il rédigeait des scénarios, un contrat avec Pathé. *Les Sorcières de Salem,* d'après la pièce d'Arthur Miller ; *Le scénario Freud,* pour John Huston, qu'il ne voudra pas signer.

De Rome, il a appris l'insurrection de Budapest et l'écrasement de la rébellion par les chars soviétiques. C'est la fin de son engagement aux côtés des communistes. Il décide alors de se consacrer aux plus déshérités. Il prend feu et flamme contre la Guerre d'Algérie. Son appartement est plastiqué.

Tout cela sans jamais renoncer à ses amours, les anciennes et les nouvelles, toutes ces femmes autour de lui, sans cesse. Ecrivant des pièces pour l'une et pour l'autre, et les aidant financièrement, les prenant en charge parfois même entièrement. L'argent coulait à flots, à cette époque. Il n'a vraiment rompu qu'avec Dolorès, l'Américaine, qui lui pompait l'air. Ainsi il a retrouvé la paix avec Beauvoir. Et pourtant Dolorès lui avait « donné l'Amérique », comme il dit toujours.

Avec Michelle Vian, l'ex-femme de Boris, il est parti pour Rome et a travaillé sur une œuvre à laquelle il tenait beaucoup, *La Reine Albemarle et le dernier touriste.* Mais ce n'était pas la première fois qu'il interrompait l'écriture d'un roman avant la fin.

Le premier numéro des *Temps Modernes* est sorti en 1945, juste après la guerre. C'est le fruit d'une réflexion commune avec Beauvoir, Merleau-Ponty, Raymond Aron, Jean Paulhan, Michel Leiris et Albert Olivier. Le comité de rédaction s'élargira plus tard à Claude Lanzmann. Avec ce périodique prestigieux, Sartre établit son hégémonie sur tous les milieux intellectuels. Qu'importe si la célébrité entraîne jalousies et haines féroces. L'existentialisme, comme on appelle déjà la nouvelle philosophie, est vilipendé par l'Eglise, et les bien-pensants. On a peur du danger sartrien. Bientôt le terme « existentialisme » est de toutes les conversations, il désigne tour à tour une danse, une coupe de cheveux ou le fait de ne pas se laver. Le centre de la nouvelle folie c'est le petit périmètre autour de Saint Germain des Prés, son église, ses deux cafés, le Flore et les Deux Magots. A quoi s'ajoute le goût du jazz, les caves, les boîtes de nuit où l'on veut rencontrer Sartre et sa clique.

Celui-ci pourtant s'est installé bourgeoisement au 42 rue Bonaparte, avec sa mère. Celle-ci a perdu son époux Mancy, le beau-père détesté. Dans l'appartement, qui donne sur la place, il y a un piano sur lequel Sartre joue chaque jour.

Cinq ans plus tôt, c'était La Libération. Sartre était partout, il était prêt. A 39 ans il a publié deux romans, un traité philosophique, deux pièces de théâtre, cinq scénarios, onze articles littéraires, huit reportages sur les partis politiques et un sur le cinéma, sans compter la correspondance, les notes, les carnets.

Dans *Combat* il affirme : « Je parlerai seulement de l'existentialisme. L'homme doit se créer sa propre essence ; c'est en se jetant dans le monde, en y souffrant et en y luttant qu'il se définit peu à peu ». Il devient alors, pour les jeunes, un chef spirituel.

Le premier voyage en Amérique, il en a encore un souvenir ébloui. C'est à New-York qu'il a imposé sa silhouette, qu'il la rendue populaire, qu'il a internationalisée. Le voyage était payé par *Combat,* pour lui et sept autres journalistes. Ils ont représenté la France à la Maison Blanche, reçus par le Président Roosevelt. Le miracle, après quatre années d'Occupation.

Ces quatre années n'avaient pas été inactives. D'abord, en juin 40, prisonnier au Stalag, il avait découvert la fraternité et la convivialité des camps. Il a créé un spectacle et l'a fait jouer par ses camarades. C'était un Mystère de Noël un peu spécial, avec des tas de clins d'œil sur la résistance. Les Allemands n'y ont vu que du feu. Il était heureux alors. Il aimait la vie communautaire, il y trouvait des raisons de vivre. Et pourtant dès qu'il en a eu l'occasion, un faux certificat de santé, il s'est évadé en mars 1941.

Aussitôt libéré il a cherché à créer un réseau de Résistance, avec d'autres intellectuels. Le groupe s'appelait « Socialisme et liberté ». Sartre s'est rendu lui-même dans le midi, en zone libre, pour retrouver Malraux et Gide et les rallier à sa cause. Ceux-ci lui ont ri au nez. Il a dû renoncer à son beau projet. Il se lance alors dans le théâtre, qu'il a si bien réussi au Stalag. *Les Mouches,* sa première vraie pièce, est écrite en réaction aux prises d'otages des Allemands. La salle où il parvient à la faire représenter est à moitié vide mais pour lui l'expérience est réussie car les idées font leur chemin auprès des jeunes. Paraît en même temps que la pièce son essai majeur, *L'Être et le Néant,* une œuvre cartésienne qu'il mûrit depuis longtemps. Elle vient en rupture avec la tradition universitaire, elle est pleine d'anecdotes et de familiarités, elle ne rencontre pas l'adhésion.

Il faut vivre, cependant, et la signature avec Pathé d'une série de scénarios vient à propos mettre un peu d'huile dans les finances. Il s'installe à l'Hôtel de la Louisiane, avec Beauvoir sur le même palier.

C'est avec elle qu'il avait fêté son premier succès, la sortie de *La Nausée,* ce roman sur lequel il a travaillé des années, qu'il a refait, corrigé. La première mouture, qui était titrée *Mélancholia,* avait été refusée par Gallimard. Il a fallu l'intervention de plusieurs barons de la maison d'édition. Gaston Gallimard lui-même a trouvé le titre.

Le Mur, un recueil de nouvelles, est sorti quelques mois plus tard. Un doublé magnifique. Reçu comme une « révélation » par toute la critique, et le public suit. En quelques semaines les deux ouvrages sont en tête des ventes. Sartre marche sur les nuages. Un an de bonheur.

Avec le succès, les conquêtes féminines. Wanda, la sœur d'Olga, lui tombe dans les bras. Bientôt, Lucile, Martine, Louise Védrine, ensemble ou séparément, toutes commencent à constituer ce harem qui lui sera fidèle jusqu'à la fin. Le Castor, ainsi qu'il appelle depuis toujours Simone de Beauvoir, régit tout ce petit monde, distribue les rôles, trône comme une reine de France à la Cour de Louis XIV. Il n'a plus de relations sexuelles avec elle depuis longtemps mais elle est toujours la préférée, l'indispensable. C'est la première fois que Sartre a du succès auprès des femmes. Il ne le doit qu'à sa plume et au brillant de sa conversation. Petit, grassouillet, bigleux, son physique ne favorise pas les élans amoureux. Seule Beauvoir, dès leur rencontre, a su percevoir l'intelligence extrême, la drôlerie, le panache, sous ces dehors ingrats. Elle-même n'a pas encore des appétits sexuels très développés. Elle ne les découvrira qu'avec son amant américain, Algren.

A trente ans Sartre a déjà commencé à perdre ses cheveux.

Dans la glace, il se voit comme un petit bouddha repoussant. Il se pique à la mescaline pour susciter des visions extraordinaires mais il abandonnera très vite cet hallucinogène, poursuivi par des crabes et des homards menaçants. Il préférera l'orthédrine, qu'il consommera à l'excès pendant des années.

L'entrée fracassante de la belle russe, Olga, une élève de Beauvoir, dans le couple qu'il forme avec le Castor, est pour lui une torture. Aussitôt, il est amoureux mais elle refuse ses avances. Il maigrit, il s'épuise. Il se sent vieux et déchu, son humeur s'en ressent.

Il a souvent déprimé aussi au cours des années du Havre. Nommé, en 1930, Prof de philo dans ce lycée de province, alors qu'il espérait partir pour Tokyo, il a dû subir l'ostracisme des parents d'élèves, cette petite société de bien-pensants. Il est vrai qu'il se conduisait d'une manière choquante, professant une liberté de pensée inaccoutumée, s'habillant de bric et de broc, se lavant peu, souvent mal peigné, mal fagoté. Mais il était aimé de ses élèves. Il habitait alors un hôtel près de la gare, chaud et bruyant. Il était à l'aise dans ce monde de cheminots, de sans-papiers, d'ouvriers des docks. C'était une période éprouvante car les éditeurs refusaient ses manuscrits. Simone de Beauvoir le soutenait sans faille, corrigeait ses textes, les commentait avec bienveillance. Autour du couple commençait à se constituer cette petite « famille » qui ne les quittera plus, avec le premier pilier, le « petit » Bost, un élève de Sartre, qui épousera Olga.

Il n'était plus, déjà, le boute en train de la rue d'Ulm, l'heureux élève de cette Ecole prestigieuse, qui inventait des canulars, mobilisait les pacifistes. Avec ses talents d'acteur, de chanteur, d'imitateur, il faisait rire toute la chambrée. L'Ecole Normale était alors une vieille bâtisse carrée, de longs couloirs, des dortoirs pleins de poussière, des toilettes crasseuses. Mais c'était une pépinière de talents, de génies peut-être. Avec Jean Paul Aron, entre deux rigolades, Sartre se forgeait sa pensée, s'élaborait sa philosophie, en-dehors de tous les préjugés.

C'est à la rue d'Ulm qu'il entame une liaison avec Simone Jolivet, une jeune femme provocante à la chevelure blonde, aux yeux bleus. Ce sera une affaire au long cours, une amitié sincère. Pour elle il écrit son premier roman, *La Défaite,* l'histoire d'un amour malheureux mais dont le personnage rebondit avec optimisme.

Des romans, il en écrivait déjà quand il était tout petit. A l'âge de dix ans il inventait des histoires, des maîtresses, pour fuir le milieu oppressant qu'il déteste. Au lycée de garçons en Dordogne, il était l'exclus, le souffre-douleur. Sa petite taille, ses rondeurs lui jouent des tours. Il se ridiculise avec ses pantalons quand les autres courent en culottes courtes. La classe est violente, c'est la guerre. Les hommes sont au front. On n'entend parler que de drames et de sang. Personne ne s'interfère pour éviter les bagarres qui éclatent dans la cour.

Jean-Paul déteste aussi son beau-père, Monsieur Mancy, un polytechnicien qui accompagne partout sa mère, Anne-Marie, la maman chérie, le grand amour incestueux de sa vie. Dans *Les mots* il règlera ses comptes.

Le petit « Poulou » a été élevé par son grand-père, et déjà il se plongeait dans les livres qu'il découvrait dans la bibliothèque familiale Jusqu'à neuf ans il a porté les longues boucles blondes que sa mère brossait tous les matins et qui étaient sa fierté, sa seule beauté. Quand le grand-père Schweitzer l'a emmené chez le coiffeur, Jean-Paul est devenu laid comme un crapaud.

A quatre ans il était atteint d'une taie sur la cornée de son œil droit. C'est son premier et son plus mauvais souvenir. Il n'est guère heureux. Il n'a jamais connu son père, qu'il a perdu à l'âge de six mois. Son enfance est douloureuse, malgré l'apprentissage des « mots », qu'il a révérés toute sa vie.

« Jean-Paul Sartre est mort » titrait *Libération* en première page le lendemain du 15 avril 1980 et tous les journaux ont repris la lamentation, pendant des jours. L'enterrement a eu lieu au cimetière du Montparnasse et ce fut une immense bousculade. Plus de cinquante mille personnes se sont rassemblées. Un homme est tombé dans la fosse. Simone de Beauvoir, hagarde, était assise sur une chaise, au bord du trou. Elle a passé un mois à l'hôpital.

La belle biographie d'Annie Cohen-Solal a fait revivre le grand écrivain en 1985, pour la nuit des temps.

Simone de Beauvoir

1908 – 1986

Le printemps s'éveille à la fenêtre de l'hôpital Cochin mais Beauvoir n'en sait rien. Depuis plusieurs jours elle gît sur son lit médicalisé, la plupart du temps inconsciente. Mais soudain, dans un demi-sommeil, elle entend les mots « œdème du poumon », venant d'une infirmière, et elle se réveille. Sartre aussi, il y a six ans, est mort d'un œdème du poumon. Elle va mourir, elle le sait, et aussitôt les images de sa vie passée défilent dans sa mémoire, en un éclair et à rebours.

Une image trouble s'impose, l'enterrement de Sartre, il y a six ans. Elle est assise au bord de la fosse, sur une chaise. On la presse, on la bouscule, elle a peur de tomber dans le trou. Elle avale du Valium mécaniquement. Elle n'a qu'un souvenir très flou de cette cérémonie, elle ne pense qu'à ces cinquante mille personnes qui sont venues pour accompagner Sartre jusqu'à sa mise en terre. Ce sont bien les funérailles qu'il voulait, sans police, sans discours – ou y-a-t-il eu des discours ? - dans ce cimetière du Montparnasse qu'ils ont longé tant de fois ensemble.

C'est à Montparnasse aussi que survient l'image suivante, chez Sylvie Le Bon, la fille adoptive de Simone. Sartre et Beauvoir sont attablés autour d'un gâteau et d'une bouteille de bon Bourgogne. Ils trinquent. Ils fêtent leurs cinquante années de pacte, pour le jour anniversaire de la naissance de l'écrivain, le 21 juin. Depuis ce moment où, couchés dans le pré de la Grillère, ils se sont promis de vivre côte à côte, sans se marier. De n'avoir pas d'enfants, de vivre des amours contingentes, de tout se dire, sans jalousie. C'est un engagement pour la vie. Cinquante ans plus tard, les voilà encore ensemble et leur vie entière se déroule, non pas paisible, il s'en faut, mais glorieuse, comme leur ambition l'avait ordonné. Simone rit, elle est heureuse. Ils ont regagné ensemble la rue Schoelcher, où habite Simone.

La rue Schoelcher, c'est son dernier havre. Elle l'a acheté avec l'argent du prix Goncourt qu'elle a obtenu pour *Les Mandarins,* elle s'y est installée avec Claude Lanzmann et y a exposé tous ses souvenirs de voyage, les masques du Mexique, les tissus du Guatemala dans lesquels elle s'est fait tailler de si jolies robes pour plaire à Algren. Comme elle l'a écrit à son amour américain, elle a aimé la vie avec passion, elle voulait tellement être heureuse. Elle était tellement avide, elle voulait être une femme et aussi un homme, avoir beaucoup d'amis et aussi la solitude pour écrire. Travailler énormément, lire, écrire de bons livres et s'amuser, voyager, être égoïste et aussi généreuse. Et quand elle n'y parvenait pas, elle était folle de colère.

Ce voyage avec Algren, c'est le meilleur souvenir de sa vie. Elle écrit alors un essai sur les femmes, qui ne s'appelle pas encore *Le deuxième sexe.* Elle n'a jamais été très douée pour les titres. *Les mandarins* n'ont été baptisés qu'une fois chez l'éditeur. Ce travail sur les femmes l'a passionnée, il était tout nouveau pour elle, elle découvrait leur condition inférieure, dans quel mépris les hommes les tenaient. Mais cela a été un livre dur à écrire, très long, difficile à terminer. Et elle n'y a récolté que des sarcasmes et des insultes, dans un premier temps. Et puis, au beau milieu de cette écriture, la rencontre avec Algren et ce voyage en Amérique qui fut comme une parenthèse. La découverte du whisky américain qu'elle n'aimait pas tout d'abord mais qui deviendra plus tard sa boisson préférée parce qu'il évoque son amour, le plaisir orgastique dans les bras d'Algren, pour la première fois de sa vie. Elle avait couché avec Sartre une dizaine d'années, puis c'étaient les années avec Bost, une aventure plaisante elle aussi. Mais cette fois c'était « l'amour total »

Ils ont descendu le Mississipi jusqu'à La Nouvelle Orléans. Il faisait chaud et humide. Dans les vastes marécages du delta, les hérons mangeaient les bébés crocodiles jusque sur le dos de leurs parents. Les tortues alligators, hérissés de piques, se couchaient dans la vase. Des lamantins s'aventuraient dans le chenal, tout près des lisses du bateau, ce vieux bateau à aube si inconfortable, où les toilettes étaient si sommaires. Tout de suite après La Nouvelle Orléans, un peu décevante, ils ont visité Mérida, puis les ruines du Yucatàn, puis Oaxaca, Vera Cruz, Fortin et Mexico.

Elle avait toujours aimé voyager, avec Sartre, avec Olga, avec Bost. Mais ce voyage venait après la longue épreuve de la guerre et les deux années qui avaient suivi la Libération, des années de dur travail. L'interminable Occupation, dominéc par les privations. Pour la première fois elle faisait la cuisine chez elle, dans un petit appartement loué à l'hôtel. Des légumes bizarres. Sartre était resté longtemps prisonnier en Allemagne et pour finir il s'était évadé. Elle travaillait à son premier roman *L'invitée,* tiré de l'histoire du trio qu'ils avaient formé avec Olga et Sartre. A la fin du roman, elle imaginait le meurtre du personnage féminin, un assassinat symbolique et pourtant elle ne se voulait surtout pas jalouse. Elle s'était toujours efforcée de nouer une amitié avec « les femmes » de Sartre. Les hommes aussi, ce petit groupe de personnages qu'ils appelaient « la famille ». Olga, Bost, Wanda, puis Bianca, Nathalie, Evelyne, Michelle. Beauvoir avait souvent manipulé leurs photos comme des cartes à jouer. Quand elle en retournait deux qui avaient couché ensemble, c'était gagné. Le plus souvent Beauvoir ne prenait pas grand plaisir au lit avec les femmes mais c'était une diversion bienvenue qui lui faisait apprécier sa liberté. Son désir de puissance, aussi.

Ils avaient fait du mal autour d'eux, elle le reconnaissait, Bianca avait souffert d'une grave dépression nerveuse, Evelyne s'était suicidée. Mais cela ne l'empêchait pas de dormir, dans toutes les familles il y a des drames.

Colette aussi avait couché avec des femmes. Beauvoir dînait avec elle en compagnie de Cocteau, en 1948, chez la propriétaire du théâtre où se montait une pièce de Sartre. Tous deux brillants, drôles. Colette avait encore un regard fascinant, elle aimait la bonne chère, les bons vins. C'est étonnant, se disait Beauvoir, cette femme qui a vécu une vie si pleine, si riche, si ardente, si libre, et qui en sait si long, elle semble détachée de tout, par ce que pour elle tout est fini. Malgré sa vie dissolue, elle a eu des funérailles nationales.

La Libération était aussi un des grands moments de sa vie. Elle et Olga bras-dessus, bras-dessous, au pied de l'Arc de Triomphe, tandis que de Gaulle défilait sur les Champs Elysées. L'excitation et la joie, et le léger sentiment de danger. Et soudain des coups de feu qui éclataient un peu partout, elles avaient couru pour se protéger, dans la bousculade.

Ensuite, c'est l'explosion de l'Existentialisme, les idées de Sartre enfin reconnues, le couple porté aux nues. Impossible de se montrer dans les cafés sans être abordés, encensés. Ils ont créé la revue *Les Temps Modernes* avec une belle énergie. Politique, littérature, sociologie et psychanalyse sont traitées tour à tour. Des notes culturelles, des pages sur le jazz et le cinéma. La rubrique humour est tenue par Boris Vian; Leiris et Queneau s'occupent de la poésie et de la littérature. Merleau-Ponty de la politique éditoriale, Raymond Aron est conseiller technique. Il y a aussi Camus. Beauvoir, la seule femme, résume, corrige, assure la bonne marche de l'opération, pendant des années, parfois à la place de Sartre. Le Comité de rédaction se réunit un dimanche sur deux dans le bureau de Sartre, rue Bonaparte. Ils rient et boivent pendant une heure avant de se mettre à travailler. Pour Beauvoir c'est la forme achevée de l'amitié.

Elle n'a jamais souffert d'être une femme, sauf l'année qu'elle a passée à Marseille, huit ans avant la guerre, cette année qui a été la plus pénible de son existence. Sartre était professeur au Havre, elle-même l'était aussi dans la capitale phocéenne. Il lui a proposé de l'épouser, pour éviter la séparation, elle a refusé. Elle savait qu'il n'aimait pas l'idée du mariage et ne voulait pas aliéner sa liberté. Elle est partie bravement enseigner à Marseille mais tous les jeudis et tous les dimanches elle grimpait à pied dans les collines au-dessus de la ville. Vêtue d'une vieille robe et chaussée d'espadrilles, elle arpente les sentiers, se soûle de solitude et de fatigue, escalade les falaises en terre de cuivre, dégringole dans les ravines et fait parfois du stop pour rentrer.

- Tu vas te faire violer, lui ont dit ses collègues du lycée. Et plusieurs fois, oui, des hommes ont failli lui faire un mauvais parti mais elle a toujours réussi à s'enfuir. Elle a supporté la séparation d'avec Sartre et cette année-là elle a pensé qu'elle pouvait enfin compter sur elle-même.

Bien plus qu'en 1929, l'année qui a décidé de toute sa vie, celle où elle a passé le concours de l'agrégation et où elle a rencontré Sartre. Cet homme l'a enthousiasmée, avec son énergie, sa drôlerie, ses théories, sa vitalité. Il était petit et laid mais séduisant, avec sa pipe et ses grosses lunettes, toujours en mouvement, à cheval sur une chaise ou grimpant sur une marche ou une fenêtre, infatigable. Pour lui la plupart des gens vivent dans la contingence, en état d'absurdité totale, sans aucune liberté. Pourtant, comme il n'y a pas de dieu, l'existence n'a d'autre sens que celle que l'être humain lui donne. C'est à l'individu de se construire, de créer sa propre vie. « L'existence précède l'essence », c'est la devise qu'il répétait. Simone adhère de toutes ses forces à cette philosophie mais elle lui donne des cauchemars. Elle a peur de la mort, de ce néant qui l'attend au coin de la rue. Ces angoisses l'accompagneront toute son existence et seul l'alcool pourra les calmer.

L'alcool, elle l'a rencontré pour la première fois dans ses virées aux bars du quartier, quand elle était toute jeune fille. Elle l'a raconté dans *Les mémoires d'une jeune fille rangée*. Elle sortait alors avec son amie Stepha ou sa sœur Poupette. Les jeunes filles s'habillaient comme des putains et s'asseyaient aux comptoirs pour se faire payer des verres et provoquer les voisins. Parfois elles faisaient semblant de se disputer et de s'envoyer des horions. Elles riaient ensuite de la tête que faisaient les autres clients du bar. Ces virées mémorables constituent pour Beauvoir une échappatoire à l'éducation guindée qu'elle reçoit chez elle.

Elle a eu une enfance relativement privilégiée entre ses deux parents. Le manque d'argent pourtant se fait sentir quand le père leur dit, à elle et à Poupette :

- Vous, les filles vous ne vous marierez pas, vous n'avez pas de dot. Il faudra travailler.

Elle travaille comme une forcenée. La littérature est sa matière préférée mais elle a un goût aussi pour la rigueur mathématique. Elle s'abîme dans la lecture comme, plus jeune, dans la prière. Dans sa chambre, les livres s'empilent sur les chaises, sur le lit. Et c'est une récompense toujours renouvelée. Toute sa vie les livres auront la première place, ceux que l'on échange, ceux que l'on écrit. Elle a beaucoup travaillé ses romans mais ce qu'elle a préféré écrire, ce sont ses mémoires. Elle avait beaucoup de plaisir à se pencher sur son passé, à évoquer ses souvenirs, à les mettre en forme, à leur trouver un sens.

Elle a brossé son autoportrait dès l'âge de trois ans, avec sa bonne Louise, qui la coiffait. Le matin, Louise enroulait ses cheveux sur un bâton et Simone regardait avec satisfaction son visage encadré d'anglaises. Les brunes aux yeux bleus ne sont pas une espèce commune et déjà elle avait appris à tenir pour précieuses les choses rares.

Simone de Beauvoir est morte à l'âge de 76 ans. On ne lui a pas fait de funérailles nationales mais des féministes venues de tous les pays ont suivi son cortège. Elle est enterrée au cimetière du Montparnasse, à côté de Sartre. La biographie de l'Américaine Deirdre Bair, est sans aucune complaisance. Fayard 1991.

Marguerite Duras

1914-1996

Au troisième étage de la rue Saint Benoit, dans le 5ème arrondissement, où elle a vécu pendant 56 ans, Marguerite Duras attend la mort qui la hante depuis des années. Dans la chambre voisine veille Yann Andrea, un jeune homme de 34 ans, son amant. Ce printemps 1996 est le dernier pour elle, elle le sait, elle le souhaite. Cette existence n'en est plus une. Et, soudain, en fermant les yeux, elle revoit toute sa vie, en un éclair et à rebours.

Souvenir d'amertume, encore très proche : en 1989 Jean-Jacques Annaud lui a volé sa vie. Il voulait tourner un film sur *L'Amant,* son amour d'adolescence, son prix Goncourt, la reconnaissance universelle de son génie. Elle a écrit un scenario, il lui en a présenté un autre. Ce n'était plus son film. Il la dépossédait de sa propre histoire. Elle a pris l'argent, il y en avait beaucoup, mais l'argent n'est rien. Elle n'a jamais mis les pieds sur le tournage et, à sa sortie, elle a fait semblant de ne l'avoir jamais vu. En vitesse elle a écrit un autre *Amant ; l'Amant de la Chine du Nord*, qui venait corriger les faits qu'elle a vécus. Sa propre vision.

Elle aime bien brouiller les pistes, la vie n'est pas rose. L'année précédente, elle s'est laissé hospitaliser pour insuffisance respiratoire. C'était l'époque où Yann et elle buvaient six à huit litres de vin par jour. Heureuse époque ! Mais à l'hôpital elle est tombée dans le coma et elle y restée neuf mois. A son réveil, Yann est toujours là. Il l'aime, elle en est sûre, bien qu'il ne la touche plus. Il tape les textes qu'elle lui dicte car elle ne peut plus écrire depuis longtemps. Sa main tremble.

Ce n'était pas encore le cas en 1985 quand elle a publié *La douleur,* des souvenirs de Résistance et de son mari, Robert Antelme. Celui-ci n'approuve pas le livre, dont l'histoire est faussée. Elle a reconstruit à sa manière un passé douloureux. Dans ce livre elle reconnaît avoir elle-même torturé un homme. Impardonnable, pour les critiques bien-pensants.

Déjà elle déclenchait l'indignation de la presse lorsqu'elle se passionnait pour l'Affaire Villemin et laissait entendre que la mère du petit garçon assassiné, Christine Villemin, était coupable du meurtre de son propre fils. « Sublime, forcément sublime ». Les féministes sont montées au créneau et ne lui ont pas pardonné. Elle s'en moque. Deux ans plus tôt le plus grand succès de sa carrière lui assurait la richesse et la célébrité partout dans le monde. Elle a tiré *L'Amant* de son journal de collégienne, retrouvé par miracle, et des photos d'un album familial. C'est l'histoire d'une gamine de quatorze ans, elle-même, livrée par sa mère et son grand frère à l'amour d'un Chinois. Dans la réalité, c'était un indigène indochinois, laid et vérolé, bancal. Elle l'a sublimé dans le roman, il est devenu exotique et l'histoire est pleine d'érotisme. L'éditeur Jérôme Lindon a fixé le premier tirage à 25 000 exemplaires, il a fallu le rééditer aussitôt. Bernard Pivot lui a consacré un Apostrophes en tête à tête. Avec lui elle parle de l'alcool en toute sincérité, elle est vraie, humaine. En librairie, c'est la razzia. Elle accepte le Goncourt et commence à parler d'elle-même à la troisième personne. Duras est géniale.

En 1981 elle vote pour Mitterrand, un vieil ami de la Résistance, et elle le dit. Lorsqu'il devient Président de la République, il lui rend une visite impromptue, rue Saint Benoît. Elle est là, dans la cuisine, à coudre un gilet, une ampoule au plafond, un vieil évier. Pourtant, déjà, elle a capitalisé ses droits d'auteur en achetant des appartements à Paris. Mais elle est toujours pauvre, comme dans son enfance.

Yann, elle l'a rencontré l'année précédente à Caen, il avait dix-huit ans, elle soixante-six. Il lui avait écrit qu'il aimait ses livres, qu'il dansait le soir sur la musique d'*India Song*. C'est lui qui lui a téléphoné, plusieurs mois après leur rencontre. Elle l'avait oublié. Il est venu la rejoindre à Trouville, dans son appartement des Roches Noires. Elle ne veut pas entendre parler de son homosexualité. Elle lui donne la chambre de son fils. Elle s'offre à lui dans le noir. Il devient son confident, son factotum, le héros de son nouveau livre, *L'Homme de l'Atlantique,* et de son film.

Une autre rencontre capitale, c'est celle de Madeleine Renaud, sur la scène de l'Odéon. Elle lui a écrit plusieurs pièces. Dans *Savannah Bay,* Madeleine est une grand-mère qui part à la conquête de sa petite-fille. Marguerite boit déjà cinq litres de vin par jour, ses jambes sont enflées, elle ne peut plus se laver, elle devient une clocharde. Cela lui plaît, elle ressemble à sa mère, à la fin de sa vie. Yann l'emmène à l'hôpital américain pour une cure de désintoxication. La cure est violente, Marguerite a des hallucinations. Elle voit des veaux par la fenêtre, dans les allées de Neuilly, elle distingue des poissons dans les bouteilles. Elle délire à voix haute.

Quand elle en sort, elle est gaie, rajeunie. Elle revit, elle chante les chansons d'amour d'Edith Piaf.

Un de ses bonheurs, trois ans plus tôt, a été de tourner *Le*

Camion, avec Gérard Depardieu. C'était un jeune acteur formidable, il la laissait parler. Dans le film elle soliloque à sa guise, lui, le camionneur, il écoute à peine la vieille qui s'égosille. Elle s'est filmée avec ses rides, son visage bouffi. C'était un jeu, il était drôle et il était grave. Sans Depardieu, elle n'aurait jamais fait le film. Il est sorti à Cannes en 1977. Il a suscité une polémique, Marguerite était contente. Pour elle, c'est un film politique.

Ensuite elle s'est enfermée à Neauphle, la maison qu'elle a achetée avec les droits de *Moderato Cantabile,* et ceux d'*Hiroshima mon amour.* La maison de Neauphle, c'est son Havre, et c'est aussi son laboratoire de cinéma. C'est un bâtiment de ferme avec un parc magnifique, elle l'a arrangée confortablement, a disposé tous ses châles sur les fauteuils de rotin. Elle y tourne film sur film, avec son ancien amant Dionys Mascolo, le père d'Outa, son fils bien-aimé qui s'appelle Jean et fait de la photographie de plateau. Pour eux, et pour d'autres qui sont là aussi pour elle, elle fait la cuisine. Elle sait déjà qu'elle est un génie et le dit tout haut sans complexes. Personne ne la contredit. C'est une période de bonheur, celle de *La femme du Gange,* et *India Song.*

Un autre bain de Jouvence, Mai 1968, l'a rendue follement excitée. Elle passait ses nuits à la Sorbonne, ses journées à l'Odéon, dans les rues. Elle faisait la Révolution permanente, elle inventait des slogans. Il était interdit d'interdire. Elle s'est brûlée pendant des semaines. L'après 68 a été une terrible désillusion. La mélancolie l'a envahie, elle s'est laissé mourir. L'écriture l'a sauvée. Elle fait surgir *Détruire dit-elle,* en fait un film propagande qui ne touche que quelques intellectuels. Elle récidive avec *Abahn Sabana David,* un livre contre l'antisémitisme, qui devient au cinéma *Jaune le soleil.* Elle est hantée par les images de ses films, elle écrit pour fuir la folie, elle fuit l'écriture en filmant.

Quand son nouveau roman sur l'Indochine, *le Vice Consul,* est sorti en 1966, il a été mal accueilli par la critique. Cela a mis en fureur Marguerite, elle en voulait aux journalistes qui ne la comprenaient pas. Elle ne s'est pas privée de le dire à Pierre Dumayet qui l'interviewait pour la télévision ; C'est alors qu'elle a décidé de faire du cinéma. Pour son fils, Outa, Jean de son vrai nom, qui ne lit jamais ses livres. Il a dix-huit ans, il sera deuxième assistant sur le film *Musica,* qu'elle tourne avec la belle actrice, Delphine Seyrig. Marguerite travaille en même temps sur une pièce de théâtre, *L'Amante anglaise,* avec Madeleine Renaud. C'est un succès. Marguerite est alors présente partout, dans les comités d'entreprises, à la TV ; elle se dit toujours communiste bien qu'elle n'ait plus sa carte depuis longtemps. C'est un communisme de cœur et d'idéal.

Elle tient beaucoup au *Vice-Consul,* malgré sa malchance. C'est un roman qu'elle a écrit en huit mois, enfermée à Neauphle de cinq heures du matin à onze heures du soir. Les personnages sont enfermés aussi dans un passé inavouable, perdus psychologiquement, silencieux. Elle a repris le sujet pour un film sur l'alcoolisme, une commande de Marin Karmitz, pour un laboratoire. Elle boit de plus en plus, seule ou accompagnée. Dans son ivresse elle confond parfois l'homme qui souffre à Calcutta et l'écrivain qui boit. Marin Karmitz l'a fait participer au tournage, c'est comme ça qu'elle découvre cette nouvelle passion, la caméra.

Elle avait déjà écrit à Neauphle *Le ravissement de Lol V. Stein,* une histoire de folie, celle d'une femme abandonnée par son fiancée. Marguerite a peur de devenir folle. Sa mère l'était déjà à moitié. C'est pourquoi elle parle à tort et à travers, elle pense que si elle ne dit pas tout ce qui se passe dans sa tête, elle deviendra folle. Elle fait une cure de désintoxication, puis revient à l'alcool mais décide de rompre avec Jarlot.

Madeleine Renaud, sur la scène de l'Odéon, répétait sa pièce, *Des journées entières dans les arbres.* Cette confrontation l'a bouleversée. Soudain, c'est la mère qui revient, sur la scène, avec un manteau d'astrakan trop long, un chapeau noir sur la tête, des bracelets en or autour des poignets, vieille, très vieille. Paysanne et clocharde déjà. La pièce est un triomphe, grâce à l'actrice.

Marguerite écrivait alors n'importe quoi, tout se vend, une pièce comique, une histoire de cœur, des articles. Tout est bon. Elle écrit très vite, scénarios, théâtre, radio. Elle dit tout ce qu'elle pense sur tous les sujets. Elle se brouille avec Resnais, elle se bat, au sens propre, avec son nouvel amant Jarlot, qu'elle a aidé à publier chez Gallimard et qui fait des fugues sans explications.

Elle habitait toujours rue Saint Benoit quand elle commençait à voir Jarlot, dans son studio rue de Rivoli. Elle a quarante-quatre ans. Jarlot est marié, il a trois enfants. Ils boivent ensemble et ils voyagent.

Elle s'engage pour l'indépendance en Algérie. Elle signe le Manifeste des 121, qui dépénalise l'insoumission. Elle adore faire de la politique, résister. Sa haine pour de Gaulle éclate dans cet engagement.

L'enterrement de sa mère ne touche pas Marguerite qui y assiste sans une larme. Elle a déjà fait le deuil auparavant. D'ailleurs elle ne pense qu'à Jarlot, c'est une passion, violente, alcoolisée, érotique. Avec lui, elle a découvert l'envoûtement du plaisir physique. C'est un beau brun, sportif, souriant. Il est journaliste et veut écrire. Marguerite publie alors chez Gallimard, la vieille maison où travaille aussi son mari Robert Antelme et son amant Dionys Mascolo, le père de son fils. Elle va faire un crochet avec les Editions de Minuit mais reviendra à Gallimard, par fidélité.

C'est cette maison qui a publié celui de ses romans qu'elle préfère, *Un barrage contre le Pacifique,* en 1950. Le livre a été reçu par les critiques comme l'un des meilleurs romans du XXème siècle. C'est une mise en accusation du colonialisme et l'histoire d'une famille de petits Blancs, très pauvres, sa mère, institutrice aux folles ambitions, ses deux frères, l'aîné, voleur, violent, le petit, complice. Cette histoire, elle ne cessera jamais de la raconter.

Le roman est sélectionné pour le Goncourt mais il ne l'obtient pas. Marguerite est vexée, elle pense qu'elle a été desservie par les jurés communistes. Elle montre le livre à sa mère qui le rejette violemment. Celle-ci se dit trahie. La mère et la fille sont irréconciliables.

C'est l'année aussi où elle s'est trouvée exclue du Parti communiste, avec tous ses amis, Claude Roy, Edgar Morin, et même Jorge Semprun. Leur attitude a été jugée trop fantaisiste par les Staliniens. Elle a beaucoup souffert de cette mise à l'écart, elle se sent coupable quand ses anciens camarades traversent la rue pour ne pas la croiser. Le P.C. c'était aussi une famille, depuis la fin de la guerre, elle s'y est inscrite toute seule et a immédiatement commencé à militer, à vendre *L'Humanité,* le dimanche matin, au marché, quel que soit le temps. Elle est encore mariée, alors, avec Robert, et vit en communauté avec Dionys, le meilleur ami de Robert, qui est devenu son amant. Ils reçoivent tous leurs amis, dans cet appartement de la rue Saint Benoît qui est devenu une sorte de phalanstère intellectuel. Marguerite fait la cuisine, très bien. Elle accommode du riz Thaï quand elle reçoit les sacs de riz que lui envoie sa mère, restée en Indochine. On boit et on rit beaucoup. Peu de femmes, ou qui se taisent, Marguerite aime bien régner seule, elle brille. Elle est drôle, pleine d'esprit, c'est une animatrice parfaite.

Depuis qu'elle est revenue d'Indochine, elle n'a pas perdu son temps. Elle a fait des études de droit, puis Sciences Po. Avec ses deux diplômes, elle est entrée au Ministère des Colonies. Elle participe à l'écriture d'un livre, *L'Empire français,* qu'elle reniera plus tard et évacuera de ses bibliographies. Elle l'a écrit avec son supérieur hiérarchique, mais elle n'aimait pas ce travail qui lui permettait pourtant de gagner sa vie. Elle s'installe rue Saint Benoît avec Robert, elle y a sa chambre et ses amants, plusieurs. Pour la première fois la voilà chez elle. Avec Robert elle met au monde un enfant mort-né, ce sera une blessure irréparable. Elle travaille au Comité du Livre où elle rencontre Dionys. Elle publie son premier roman, *Les Impudents,* chez Plon.

En 1943, le couple a hébergé François Mitterrand, qui fera parler de lui. Marguerite s'est engagée à fond dans la Résistance, comme tout ce qu'elle fait. Elle transmet des lettres, cache des documents. Robert est arrêté, il va passer des mois à Fresnes. Elle séduit un membre de la police, pour avoir des nouvelles de Robert et des autres résistants incarcérés. Cet homme sera exécuté à la Libération. Cette époque troublée, elle la vie passionnément, la trouve excitante, dangereuse. Robert est sauvé et la vie continue, rue Saint Benoît.

Toujours Marguerite a vécu dans le trouble, le drame et la tragédie. Son enfance a été une longue catastrophe. Quinze années de souffrance, battue par sa mère, battue par son grand frère, moquée, niée. De maigres joies avec la nature. La lamentable expérience de l'amour avec l'indigène indochinois, qu'elle a magnifiée dans ses livres. L'homme était laid, mais il était riche, il possédait une grosse voiture noire. Sa mère et son frère lui ont offert, vendu, la petite adolescente de quatorze ans, qui devenait jolie. Elle a été livrée, en sacrifice, pour payer les dettes de la mère.

Celle-ci a mis toutes ses économies dans une concession. Elle achetait une terre à des fonctionnaires coloniaux. Elle ne savait pas qu'ils étaient corrompus, qu'il fallait ajouter leur enveloppe, sous la table. Elle s'est fait refiler une terre inondable. Et toutes ses plantations ont été perdues. La mère s'est entêtée, elle a voulu faire construire des digues, les digues se sont effondrées, tout espoir perdu. C'est ce que Marguerite raconte dans le Barrage, et qu'elle n'aura de cesse de raconter avec son talent, ses descriptions de l'Indochine, touffeur de l'air, fruits délicieux, exotisme et misère à la fois.

Marguerite parvient, cependant, à mener de bonnes études. Elle fait ses classes au Lycée de Saïgon. L'exploitation coloniale est alors à son comble. La jeune fille passe son bac philo avec mention puis rentre en France pour continuer ses études. La mère revient à Saïgon, elle s'est engagée dans un procès avec l'administration qui lui a vendu ses terres, procès qui n'aboutira pas.

Le premier souvenir de Marguerite est un mauvais souvenir : elle a quatre ans, elle joue dans une cour, dans la poussière. Elle s'ennuie. La mère est fatiguée, elle est toujours fatiguée. Elle se tient mal. Mélancolie et tristesse sont déjà le lot de Marguerite.

Marguerite Duras est morte le 3 mars 1996 à Paris. Elle est aujourd'hui l'un des auteurs les plus lus dans les lycées. L'Amant a été traduit dans trente-cinq pays et s'est vendu à deux millions quatre-cent mille exemplaires. La magistrale biographie de Laure Adler (Gallimard 1998), reconstitue cet itinéraire tourmenté et tente de démêler les différentes versions que Marguerite nous a données de son existence troublée.